Erika Pattis
Jenseits der Tränen

Der folgende Text enthält Schilderungen
von sexualisierten Gewalthandlungen,
die belastend und retraumatisierend
wirken können.

Erika Pattis

Jenseits der Tränen

Nach wahren Begebenheiten

Mit einem Nachwort von Julia Ganterer

Wege entstehen dadurch,
dass man sie geht.

Liebe S.,
mit Freude und aus tiefstem Herzen widme ich dir
dieses Buch. Ich danke dir für dein Vertrauen, deine Geduld und deinen Glauben daran, dass alles
zum richtigen Zeitpunkt passiert. Es war mir eine
Ehre, dich auf diesem Weg zu begleiten.

Vorwort

Als Frau S. mir ihre Vergangenheit anvertraute und mich bat, ihre Geschichte in Buchform zu bringen, da dachte ich mir: *Das gibt's doch nicht, was sie da erzählt!* Es fühlte sich für mich so an, als würde ich auf einem Schmetterling reiten, mit Pollen im Gesicht, und durch die Hölle fliegen. Ich hatte noch nie jemanden erlebt, der so luftig und leicht von seinen traumatischen Erlebnissen erzählte. Und ich ließ mich auf das Abenteuer ein. Mir war klar, Feingefühl und Einfühlungsvermögen sind dabei ausschlaggebend, aber eben auch die Bereitschaft, in ihre Geschichte einzutauchen und sie anzunehmen. Ich habe versucht, sowohl die Zeit, die Person, ihren Charakter und ihre Persönlichkeit als auch die jeweiligen Umstände zu verstehen.

In jeder einzelnen Episode steckt Wahrheit und ich habe mich bemüht, sie mundgerecht und verdaulich zu präsentieren, ohne wertend oder anschuldigend zu wirken – auch wenn es nicht immer leicht war. Ich habe mich dazu entschieden, aus rein subjektiver Sicht zu erzählen, und mich beim Schreiben hauptsächlich auf der Gedanken- und Gefühlsebene bewegt. Vieles ist fiktional aufbereitet – real ist das Grundgefühl von Frau S., das sich in den jeweiligen Episoden widerspiegelt.

1
... und dann kamst du!

Anne war gerade eingeschlafen. Satt. Müde. Gerade einmal einundzwanzig Stunden alt. Die Hebamme hatte das kleine Bettchen ins Zimmer geschoben, damit Mutter und Kind beisammen sein konnten. Sie spürte, dass die junge Mutter etwas beschäftigte. Im Laufe ihrer Jahre als Hebamme hatte sie oft beobachtet, wie Mütter sich nach der Geburt von ihren Gefühlen überrumpelt fühlten. Zuversichtlich, mit dieser Geste die Mutterliebe bestärken zu können, verließ sie leise das Zimmer. Was in der Frau wirklich vorging, konnte sie nicht ahnen.

Schon immer hatte sie sich Kinder gewünscht. Vier Jungs wollte sie haben. Und dann war es so weit. Ein langersehnter Traum sollte endlich in Erfüllung gehen. Ihr Wunschkind kam zur Welt. Die Mutter sah das kleine Wesen lange an. Wie unschuldig es dalag, in dem kleinen Bettchen neben ihr. Wie ein winziger Engel mit schönen, knuffigen, rosa Pausbacken. Schuldbewusst drehte sie sich zur Seite und schämte sich ihrer Gedanken. Sie war sich so sicher gewesen, dass es ein Junge werden würde.

Doch dann ... kam das Mädchen.
Dann ... kam Anne.

Gestern war ein aufregender Tag für Anne gewesen. Papa brachte Mama ins Krankenhaus! Es gab nämlich ein neues Geschwisterchen für sie. Für das knapp vier Jahre alte Mädchen war das ein ziemlich aufregender Moment. Papa hatte sie in den letzten Monaten liebevoll darauf vorbereitet, dass sie nun bald eine große Schwester sein würde. Als Mamas Bauch immer dicker wurde, erklärte er ihr, dass ihr Brüderchen oder Schwesterchen darin sei. Anne konnte sich das überhaupt nicht vorstellen! Wie war es denn da reingekommen? Sie hatte eine Unmenge an Fragen, doch Papa meinte, sie sei noch zu klein, um das zu verstehen. Erst wenn sie größer sein würde und älter, dann würde Mama mit ihr darüber reden. Anne verstand gar nichts mehr. Jedenfalls, jetzt war es so weit! Anne blieb in der ganzen Aufregung und ganz entgegen ihrer Art staunend und mit großen, erwartungsvollen Augen in der Ecke zwischen Küche und Wohnungstür stehen, während Mama sich den Bauch haltend umständlich die Wohnung verließ. Annes grüne Augen wirkten hoch konzentriert und sie nahm alles bis ins kleinste Detail in sich auf. *Jetzt werde ich eine große Schwester werden!* Was immer das bedeuten mochte. Anne hatte auch noch keine Erklärung bekommen, wie es denn da rauskommen sollte, das Bauch-Geschwisterchen. Sie löcherte Frau Hilpold, die Nachbarin, die in der Zwischenzeit auf sie aufpasste, mit unzähligen Fragen. Doch niemand schien zu wissen, wie das ging. Egal. Jetzt kam es jedenfalls raus. Raus zu ihr. Raus zum Spielen. Das war das Wichtigste. Papa meinte, sie müsse nun artig sein und sich ganz fest um ihr Geschwisterchen kümmern, und das wollte sie auch unbedingt machen. Und zwar richtig. Große Schwester zu sein, empfand Anne nämlich als sehr große Ehre und sie beschloss, es dürfe dann auch bei ihr im Bettchen schlafen. Sie würde es immer gut zudecken und ihm etwas vorsingen. Sogar Hipp, den kleinen Stoffhasen mit dem kaputten Ohr, wollte sie ihm schenken. Anne war so aufgeregt und hüpfte durch die ganze Wohnung. Frau Hilpold hatte alle Mühe, das Energiebündel ins Bett zu bekommen. Sie bekam ein Geschwisterchen! Sie! Die kleine Anne! Eine kleine Schwester! Oder lieber einen kleinen Bruder? Anne konnte sich nicht entscheiden. Jonas wollte sie es nennen. Oder Anne. Gleich wie sie. Weil, das ist nämlich ein schöner Name! Drei Tage waren seither vergangen und Mama war noch immer im Krankenhaus. In der Zwischenzeit kümmerte sich Papa zu Hause um alles. Normalerweise war er immer bei der blöden Arbeit. Hatte viel zu tun. Durfte nicht gestört werden. Musste sich erholen. Das sagte Mama jedenfalls immer, wenn Anne nach ihm fragte. Aber für diese drei Tage hatte sie ihren Papa ganz für sich alleine. Papa machte das Frühstück, half beim Anziehen, Schuhebinden und Zähneputzen. Er machte auch alles sauber, aber nicht so streng wie Mama. Er fand sogar die Zeit, um mit Anne zu spielen. Das machte Mama nie. Da musste sie immer alleine spielen. Dafür bekam Papa auch ihren Lieblingsteddy Abby. Zur Belohnung. Wenn Anne beim Malen noch mit den Stiften in der Hand auf dem Küchentisch eingeschlafen war, trug Papa sie ins Bett, streichelte ihr sanft über das Haar und küsste sie auf die Stirn. Das bekam Anne natürlich nicht mehr mit. Geliebt und wohlbehütet wie sonst nie schlief sie schon tief und fest. In diesen drei Tagen war sie überglücklich in ihrer kleinen Welt – der Welt mit Papa. Der Welt, in der sie sich geliebt fühlte.

Und dann durfte Mama endlich mit dem Baby nach Hause. Papa hatte bereits alles vorbereitet. Er hatte das Essen für den Abend vorgekocht, die kleine Wiege im elterlichen Schlafzimmer aufgestellt und alles für das neue Geschwisterchen hergerichtet. Papa war so geschickt, fand Anne. Alles stand bereit. Windeln, Puder, die kleinen Kleider und eine lustige Spieluhr. Wenn man hinten an der Schraube drehte, kam wunderbare Musik heraus. Anne war hingerissen und hätte sie am liebsten für sich behalten. In ihrem Zimmer. Aber Papa blieb streng und meinte, sie solle ihm doch lieber beim Einräumen der Kleider helfen, anstatt Unfug zu machen. Anne freute sich so sehr darüber, von ihrem Papa gebraucht zu werden, dass sie ganz vergaß, schmollend in ihr Zimmer zu laufen und sich beleidigt aufs Bett zu werfen. Also reichte sie ihm aus dem Wäschekorb ein Kleidungsstück nach dem anderen. Nebenbei witzelte sie herum und wunderte sich, wie man denn in so etwas Winzigem überhaupt Platz haben konnte! Sie konnte das ganz und gar nicht verstehen. Überdreht versuchte sie, ihren kleinen Arm in das Beinchen eines Strampelanzugs zu schieben. Als sie dann darin stecken blieb, bekam sie sich nicht mehr ein vor lauter Lachen. Übermütig hüpfte sie schrill kichernd durch alle Zimmer. Dabei baumelte der

Strampelanzug lustig an ihrem Arm hin und her. Ihr Gesicht war knallrot, ihr Herz klopfte wie wild und sie war überglücklich.

„Du überdrehtes kleines Mädi!"

Papa ließ Anne ausgiebig toben, während er sorgfältig die Strampelanzüge faltete und in die Schublade legte. Danach holte er Annes Lieblingskleid heraus. Sie freute sich riesig, ihr schönstes Sommerkleid, das weiße mit den *minzigen* Punkten, tragen zu dürfen. Sie konnte „mintgrün" noch nicht aussprechen. Das war auch ein kompliziertes Wort, fand sie, und ihrer Meinung nach durfte sie es auch sagen, wie sie wollte. Deshalb blieb sie trotzig bei *minzig*, was zufällig auch ihre neue Lieblingsfarbe war. Mama hätte bestimmt nicht erlaubt, dass sie es mitten in der Woche anzog. Es durfte nämlich nur sonntags oder zu besonderen Anlässen getragen werden, da war Mama sehr streng. Anne hatte es zu ihrem vierten Geburtstag bekommen und es war einfach zauberhaft! Es bauschte sich so schön auf, wenn man sich im Kreis drehte. So lange, bis einem schwindlig wurde. Und das musste Anne auch sofort ausprobieren. Sie hüpfte und drehte sich und rief ihrem Papa immer wieder zu, er solle doch kurz hereinschauen! Später wollte sie es auch unbedingt Mama zeigen. Und dem kleinen Rudi. Dieser Name war ihr nämlich gerade eben eingefallen. Denn sie fand, der passte doch viel besser als Jonas. Oder Anne.

„Denn Mama tut sich sicherlich ganz sicher, ganz ungeheuerlich, ganz, ganz, ganz, ganz ungemein schwer, uns beide auseinanderzuhalten, wenn wir gleich heißen!" Verblüfft über die Logik seines kleinen Mädchens gab Papa ihr schmunzelnd recht. Doch Anne hörte ihm schon gar nicht mehr zu. Sie drehte und drehte und drehte sich immer schneller, bis sie das Gleichgewicht verlor und mit dem Hintern auf den weichen Teppich plumpste. Verblüfft schaute sie sich um, bevor sie einen heftigen Lachanfall bekam. Auch Papa lachte herzhaft mit. Als Anne sich wieder beruhigt und Papa sich vergewissert hatte, dass alles zu Mamas Zufriedenheit vorbereitet war, half er ihr noch mit den Schuhen. Es war Zeit aufzubrechen. Draußen ließ er dann sein kleines Mädchen auf dem Beifahrersitz einsteigen. Anne war begeistert. Sie durfte auf Mamas Platz sitzen! Wie ein großes Mädchen! Eigentlich war es nur logisch, denn von nun an war sie ja schließlich auch die große Schwester und die musste vorne sitzen, fand Anne, während ihr Papa sorgfältig den Sicherheitsgurt anlegte. Sie war überglücklich und küsste Abby mitten ins plüschige Bärengesicht. Ihr Teddy durfte nämlich auch mit

ins Krankenhaus. Papa hatte es erlaubt. Anne hatte Abby auch schon erklärt, dass sie ab heute zu dritt spielen konnten, sie aber immer ihr Lieblingsteddy sein und bleiben würde.

„*Versprochen. Ganz, ganz, ganz, ganz großes Ehrenwort!*", flüsterte Anne Abby zu und konnte ihr Glück kaum fassen. Dafür wollte sie Mama immer helfen und immer brav sein und immer machen, was sie sagte. Das versprach sie auch Papa hoch und heilig. Dann meinte sie noch verträumt:

„*Weißt du, Papa, das ist der schönste Tag meines Lebens!*"

Die Fahrt ins Krankenhaus verbrachte Anne ruhig und andächtig und war enorm stolz darauf, dass sie neben Papa im Auto sitzen durfte. Während der Fahrt spielte sie verträumt mit ihren Fingerchen, schaute aus dem Fenster und rechnete gleichzeitig laut vor, wie alt sie war und wie alt Rudi war und dass sie immer die Ältere sein würde, egal wie alt Rudi sein würde. Denn sie war nämlich schon vier. Und nach längerem Nachdenken:

„,*Peter*' … ,*Peter*' *ist doch schöner als* ,*Rudi*'."

„*Ja, Mädi,* ,*Peter*' *ist sehr viel schöner als* ,*Rudi*'."

Anne strahlte stolz über das ganze Gesicht, als Papa das sagte und ihr liebevoll mit einer Hand über die Wange strich. Dieser Moment könnte ewig dauern und Anne hatte sogar für einen kurzen Augenblick vergessen, dass sie unterwegs waren, um Mama und Peter abzuholen. Sie seufzte verzückt bei dem Gedanken an ihren Papa. So wie heute, so sollte es immer sein. Nur sie beide! Das wäre einfach himmlisch. Die restliche Zeit verbrachten beide schweigend und schauten dabei aus dem Fenster. Papa konzentriert auf die Straße. Anne verträumt in die Luft.

Am Krankenhaus angekommen, stieg Anne staunend aus. Der Weg hierher war ihr unendlich lang vorgekommen … und was es dabei alles zu entdecken gab! Und dann hier, das Krankenhaus! So ein großes Haus mit so vielen Fenstern hatte sie noch nie gesehen! An Papas Hand ging Anne tief beeindruckt auf den Eingang zu. Sie staunte nicht schlecht, als die riesige Glastür vor ihnen automatisch auf- und zuging. Wie Zauberei!

Da konnte man sicherlich ganz toll spielen!

Und die vielen Menschen in ihren weißen Mänteln wirkten enorm wichtig. Anne war sehr stolz darauf, mit ihrem weißen Sommerkleid zu ihnen zu gehören. Die *minzigen* Punkte störten sie dabei überhaupt nicht. Das einzig Störende war, fand sie, dass es überall so komisch roch.

„Papa, hier muss mal jemand lüften",

flüsterte Anne ihm zu und rümpfte dabei ihre kleine Nase. Papa ermahnte sie liebevoll, ab jetzt doch ruhig zu sein, und das hibbelige Mädchen wollte sich nun brav zusammennehmen. Anne staunte still über die vielen Zimmer und darüber, dass alle im Bett sein durften. Sie durfte das nie. Schon gar nicht mitten am Tag! Das Bett durfte nicht durcheinandergebracht werden, wenn es schon einmal gemacht war. Auch nicht zum Spielen, wenn Annes Fantasie mit ihr durchging und draußen ein ungeheuerlicher Sturm tobte und man sich schnell unter der Bettdecke verstecken musste. Abby hatte doch auch immer so Angst bei einem Sturm. Aber Mama ließ das Argument nicht gelten. Das Bett war tagsüber tabu. Verboten. Und wenn Anne nicht gleich gehorchte, wurde Mama sehr wütend. Dann packte sie Anne grob am Arm und schüttelte sie ganz wild durch, sodass sie richtig Angst bekam. Anne hielt bei dem Gedanken daran Abby instinktiv ganz fest an sich gedrückt und war so froh, dass Papa da war und er ihr erlaubt hatte, sie mitzubringen. Sie wollte Abby auch unbedingt Klaus vorstellen. Na ja, Peter sollte nun Klaus heißen. Anne erklärte Abby liebevoll und leise, wo sie waren und was alles um sie herum passierte. Dass Mama irgendwo in einem dieser Zimmer sein müsste und dass es irre komisch wäre, wenn Mama auch am Tag im Bett liegen würde. Dabei kicherte sie aufgeregt, worauf Papa kurz innehielt und sie eindringlich bat, nun endlich leise zu sein. Anne nickte und legte den Zeigefinger auf ihre Lippen, damit auch Abby verstand, dass sie nun still sein mussten. Doch sie hatten sich geirrt. Mama stand angezogen neben der Tür und redete leise mit einem Mann, der keinen weißen Mantel anhatte. Anne fiel das sofort auf. Als Mama sie kommen sah, verabschiedeten sie sich und der fremde Mann ging schnell in die andere Richtung. Papa begrüßte seine Frau mit einem Kuss auf die Wange und betrat mit Anne das Krankenhauszimmer. Anne sah sich mit fragendem Blick um. Wo war denn nun Klaus? Sie konnte ihn nirgends entdecken! Da hob Papa das neugierige Mädchen samt Teddy hoch, damit sie in das Tragebettchen schauen konnte, das auf dem Tisch neben dem frisch gemachten Bett stand.

„Schau, Mädi, das ist dein Brüderchen! Das ist Dirk.“

Anne wollte noch einwenden, dass er doch eigentlich Klaus heißen sollte oder Anne, so wie sie, doch genau in diesem Moment fiel ihr Abby aus der Hand und direkt auf den kleinen Dirk hinunter. Das Baby bekam einen riesigen Schreck und fing gleich an zu weinen. Mama kam hergerannt und schimpfte und fuchtelte dabei wild mit den Armen. Papa fischte schnell den Teddy aus dem Bettchen und gab ihn Anne zurück. Anne drückte Abby beschützend ganz fest an sich. Dann ging Papa mit ihr nach draußen vor die Tür, wo er sie sachte auf dem Boden absetzte. Er legte beide Hände auf ihre Schultern und bat sie, einen Augenblick hier zu warten. Er müsse kurz mit Mama alleine sprechen. Dann ging er wieder ins Zimmer zurück. Die erschrockene Anne blieb wie angewurzelt draußen im Flur stehen und spähte zaghaft durch die offene Tür ins Zimmer hinein. Mama war wirklich sehr aufgebracht und Papas Stimme ungewohnt ernst. Anne sah ungläubig zu, wie Mama und Papa sich stritten. Das machten sie sonst nie! Anne hielt sich beschützend an Abby fest und verstand nicht, was sie falsch gemacht hatte. Warum war Mama plötzlich so böse auf sie? Es war doch keine Absicht gewesen. Und warum schimpfte sie mit Papa? Mit ihrem lieben Papa? Er hatte doch nichts falsch gemacht. Anne wäre gerne zu ihm hingerannt, um ihn ganz fest zu halten und zu trösten, aber sie traute sich nicht. Mama würde sie bestimmt hauen, wenn sie hineingehen würde. Da war Anne sich ganz sicher. Also blieb sie da stehen, wo sie war, und spähte zaghaft ins Zimmer. Mama war richtig böse zu Papa. Dicke

Tränen kullerten Anne über die Wangen und landeten auf Abby, die sie die ganze Zeit über ganz fest an sich gedrückt hielt. Damit sie keine Angst zu haben brauchte. Mama blickte immer wieder mit bösen, funkelnden Augen in ihre Richtung und Anne hörte dumpf, wie sie ihr in kaltem Ton verächtlich zuzischte:

„Ja, Anne ... und dann kamst du!"

Die Art, wie Mama das sagte, vermittelte Anne das Gefühl, nicht erwünscht zu sein. Wertlos. Sie fühlte sich ungeliebt, verlassen und unverstanden. Auch wenn sie diese Emotionen noch gar nicht zuordnen konnte. Anne weinte leise, während sie dort allein auf dem Flur stand und starr ins Zimmer blickte. Und mit dem blöden Dirk wollte sie auch nichts zu tun haben.

„Dirk" war auch ein so blöder Name!

An diesem Tag hat sich das weiße Sommerkleid mit den schönen mintfarbenen Punkten, das sich so toll aufbauscht, wenn man sich im Kreis dreht, nicht mehr gedreht. Und auch sonst nie wieder.

2
... wer haut dich jetzt?

Anne spielte betrübt und allein in ihrem Zimmer Eisenbahn. Ihre bunten Socken waren wie Waggons aneinandergereiht und der kleine Puppenstuhl musste als Tunnel herhalten. Sie hatte noch ihren Pullover ausgezogen und ihn darübergelegt, damit es auch richtig echt wirkte. Denn in einem Tunnel musste es ja schließlich auch dunkel sein. Doch das machte heute alles keinen Spaß. Blöder Sonntag! Blöde Eisenbahn! Blöder Dirk! Blödes Frühstück! Alles war blöd. Mama hatte sie vorhin ausgeschimpft und sie ohne Frühstück in ihr Zimmer geschickt. Dabei hatte sie Anne ganz fest am Arm gepackt, der immer noch wehtat.

... ich wollte doch nur helfen!

Mama war, seit der blöde Dirk da war, eigentlich immer schlecht gelaunt, fand Anne. Alles, was sie machte, war falsch. Immer war der blöde, schreiende, stinkende Zwerg wichtiger! Und Anne fand überhaupt nicht, dass er gut roch. Auch wenn das immer alle sagten. Er tat es einfach nicht. Anne durfte auch nicht mit ihm spielen! Sie durfte nicht schauen, ob er noch schlief! Sie durfte ihm nichts zeigen! Sie durfte gar nichts machen, was große Schwestern eigentlich machen sollten. Immer musste sie leise und ein großes, braves Mädchen sein. Anne war es leid, andauernd gesagt zu bekommen, etwas nicht zu können, zu klein dafür zu sein, aufpassen oder leise sein zu müssen, um den blöden Dirk nicht zu wecken. Dabei wachte er doch dauernd von alleine auf! Und außer schreien konnte er sowieso nichts! Eigentlich nervte er nur die ganze Zeit. Deswegen hatte Anne beschlossen, heute das Frühstück zu machen, um allen zu beweisen, dass sie schon groß und brav war und viele Sachen alleine machen konnte. Und sie fing damit an, den Tisch zu decken. Abby setzte sie auf einen der Stühle, damit sie ihr dabei zusehen konnte. Als Erstes nahm sie das große, gefährlich gezackte Brotmesser aus der Schublade, das sie sonst nie anfassen durfte, und legte es mit beiden Händen und ganz konzentriert auf den Küchentisch. Geschafft. Jetzt kamen die Tassen aus dem Regal oberhalb des Spülbeckens dran. Anne stieg dafür auf einen Stuhl, um sie zu erreichen. Ganz vorsichtig nahm sie einzeln eine Tasse nach der anderen aus dem Regal und stellte sie behutsam auf den Küchentisch. Eine für Papa. Eine für Mama. Eine für sich. Und nach längerem Überlegen … eine für Dirk. Ausnahmsweise. Mama würde sich sicherlich freuen, wenn sie für ihn auch eine Tasse hinstellen würde. Auch wenn er sie noch gar nicht halten konnte. Dazu war er viel zu klein. Nicht wie Anne. Sie konnte die Tasse auch schon mit nur einer Hand halten. Doch heute sollte Dirk auch eine Tasse bekommen. Die mit dem kleinen Sprung, dachte sich Anne, denn wenn er sie fallen ließ, war es nicht so schlimm. Danach holte sie rasch Buttermesser und Löffel aus der Schublade und legte sie ordentlich neben die Tassen. So wie sie es bei Mama gesehen hatte. Jetzt fehlten noch die Butter und die Marmelade aus dem Kühlschrank.

… mmmh, Himbeere!

Das war Annes Lieblingsmarmelade. Gleich nach Erdbeere. Dann noch schnell die Zuckerdose für den Kaffee von Mama und Papa. Anne naschte heimlich einen Löffel davon, während sie sie auf den Tisch stellte. Es sah ja keiner. Was noch? Kakaopulver für sich. Frisches Brot von gestern aus dem Brotkasten. Und zum Schluss noch die Eier aus dem Kühlschrank. Denn sonntags gab es immer Frühstückseier. Für jeden eines. Das war immer etwas ganz Besonderes und Anne freute sich jedes Mal sehr darauf. Das wäre dann alles und eigentlich könnten nun alle kommen, fand Anne und war sehr zufrieden mit sich selbst. In diesem Moment hörte sie, wie jemand im Badezimmer die Klospülung betätigte. Sie musste sich beeilen und nahm drei Eier gleichzeitig aus der Eierschachtel. Ganz vorsichtig. Sie wusste, die konnten leicht kaputtgehen und man musste gut aufpassen. Aber Anne musste sich auch beeilen. In ihren kleinen Händen balancierte sie so schnell wie möglich alle drei Eier Richtung Küchentisch. Heil angekommen war leider nur eines. Zwei lagen aufgeschlagen mitten auf dem Küchenboden. Und während Anne sich eigentlich noch darüber wunderte, warum das alles so glitschig und eklig aussah und ganz und gar nicht so, wie sie sonst immer waren, wenn Mama sie machte, spürte sie auch schon, wie eine Hand nach ihr griff, sie grob herumdrehte und ihr so richtig auf die Finger schlug. Anne zuckte erschrocken zusammen. Ängstlich sah sie vom Boden zu Mama hinauf und eine dicke Träne kullerte dabei über ihre Wange. Alles war kaputt! Die Eier waren kaputt! Das Frühstück war kaputt! Annes Bemühungen waren kaputt! Aber das Schlimmste war, dass Mama schon wieder böse auf sie war und sie ganz arg schimpfte. Anne duckte sich instinktiv und hielt sich die Hände vors Gesicht, während Mama sie böse anzischte und grob schüttelte.

„Schau, was du schon wieder angestellt hast! Du unnützes Ding! Warte nur …!"
Papa, bitte komm! Papa, hilf mir!
Doch Papa war nicht da. Der blöde Dirk war nämlich aufgewacht und schrie schrecklich und Papa musste sich um ihn kümmern, weil Mama in der Küche aufräumte. Als Mama nach dem Kochlöffel griff, der auf der Anrichte lag, riss Anne sich los und flüchtete schnell in ihr Zimmer. Den wollte sie nie wieder erleben müssen.
„Ja, versteck dich nur! Wehe dir, du kommst da wieder raus! Ich will dich hier nicht wieder sehen!"
Und nun lag Anne vor ihrem Bett auf dem Boden, spielte Eisenbahn mit ihren Socken und hatte überhaupt keine Lust dazu. Sie war zu traurig und zu enttäuscht. Einmal steckte Papa kurz den Kopf zur Tür rein, um nach ihr zu schauen, und meinte mitfühlend:
„Weißt du, Anne, Mama ist momentan einfach sehr, sehr müde. Das musst du verstehen."
Aber Anne verstand es nicht! Denn Mama schlief doch so viel. Sie wollte mit dem Frühstück doch allen nur eine Freude machen und jetzt war alles kaputt. Anne hörte noch, wie Papa die Tür hinter sich schloss. Dann war sie wieder allein. Abby war noch draußen auf dem Küchenstuhl. Hoffentlich tat Mama ihr nichts! Bei dem Gedanken daran

konnte Anne die Tränen endgültig nicht mehr zurückhalten. Sie legte ihren Kopf in die Arme und schluchzte bitterlich. Dabei schüttelte es den kleinen Körper arg durch. Es dauerte lange, bis Anne sich wieder fing und aus dem Weinen ein leises, leichtes Schluchzen wurde. Inständig hoffte sie, ihr lieber Papa würde wieder hereinkommen und sie in den Arm nehmen. Aber vor ihrer Tür blieb es still. Man hörte nur, wie Dirk draußen lauthals brüllte.

Blöder Dirk! Der hat sich sicherlich wieder angespuckt. Oder in die blöde Windel gemacht. Blöder, stinkender Dirk!

Als Mama später das Zimmer betrat und sie am Arm packte und hochzog, wischte Anne heimlich ihre fast getrockneten Tränen weg. Draußen in der Küche setzte sie sich brav an den Tisch. Kakao und ein geschmiertes Marmeladebrot warteten auf sie. Die anderen hatten schon fertig gefrühstückt. Mama brachte Dirk gerade ins Bettchen und Papa blätterte in der Sonntagszeitung. Anne saß betrübt und mit gesenktem Blick schweigend am Küchentisch. Sie aß artig auf, trank ihren Kakao, und als sie fertig war, stützte sie gedankenverloren ihren Kopf in beide Hände. Sollte sie Mama fragen, ob sie ihr mit Dirk helfen sollte? Damit sie nicht mehr böse auf sie war? Ja, das war eine gute Idee! Anne wollte gerade aufstehen, um zu Mama und Dirk zu gehen, als Papa die Zeitung weglegte und meinte: *„Komm, Mädi, wir beide machen jetzt einen Ausflug. Nur du und ich. Zum Mittagessen sind wir wieder zurück."* Aufgeregt hüpfte Anne auf den Boden und fiel Papa um den Hals, so dass dieser fast vom Stuhl kippte und die Zeitung zerknitterte. Sie freute sich wahnsinnig darauf. Dass sie noch vor einer Minute Mama helfen wollte, hatte sie bereits vergessen. Sie durfte mit ihrem Papa einen Ausflug machen! Das war viel wichtiger. Anne und Papa! Nur sie beide! Sie konnte es kaum erwarten. Anne ließ sich ohne Widerrede in die hässliche braune, dafür aber warme Winterjacke helfen. Heute war das nicht schlimm. Denn heute durfte sie mit ihrem Papa etwas alleine unternehmen.

Draußen war aller Ärger vom Morgen vergessen. Gemeinsam, Annes kleine Hand in Papas großer und starker, gingen sie die Straße entlang. Es hatte am Tag zuvor geregnet und Anne fand, es roch nach Regenwurm und Schnecken. Sie verzog gespielt angeekelt ihr Gesicht, rümpfte dabei die Nase und Papa tat es ihr nach. Der Ausflug führte zuerst in den Park, wo die vielen lustigen Eichhörnchen zu sehen waren. Dann am Haus mit den bunten Gartenzwergen vorbei, die Anne immer zum Kichern brachten, weil sie so witzig aussahen mit ihren roten Zipfelmützen. Anne stellte sich immer vor, wie sich die Zwerge bestimmt heimlich bewegten und Grimassen schnitten, wenn niemand hinsah. Sie wünschte sich nur zu sehr, sie ein einziges Mal dabei zu erwischen, wie sie gerade die Zunge herausstreckten oder ähnliche dumme Streiche spielten. Doch nichts davon geschah. Danach kamen sie an der Schule vorbei, in der Papa als Hausmeister arbeitete. Anne staunte nicht schlecht, als sie davorstanden. Wie groß die Schule doch war! Mindestens so groß wie das Krankenhaus, fand Anne und fragte ihren Papa mit aufgerissenen Augen, ob er die ganze Arbeit alleine machen musste. Sie hatte zwar keine Vorstellung, was ein Hausmeister so alles tat, aber wenn die Schule so riesig war, musste es sehr viel Arbeit sein, schlussfolgerte das kleine Mädchen schlau. Voller Stolz drückte sie Papas Hand noch fester und sah bewundernd zu ihm hoch.

„Ja, das ist viel Arbeit, Mädi, fast genauso viel wie mit dir!"

Papa hob Anne dabei hoch, um ihr einen Kuss auf die Nasenspitze geben zu können. In diesem Moment verließ eine Frau das Gebäude. Papa setzte Anne wieder auf dem Boden ab und begrüßte die Frau freundlich, indem er an seinen Hut tippte und ihr dabei zunickte. Anne fand das sehr komisch, lachte aber nicht. Sie wollte Papa nicht in Verlegenheit bringen. Sie stand brav daneben, während Papa und die Frau sich kurz über dieses und jenes unterhielten, bevor sie sich wieder mit einem kurzen Zunicken verabschiedeten. Anschließend erklärte Papa Anne, dass das seine Kollegin Frau Dartmund gewesen war. Eine Seele von Mensch und die fleißigste Putzfrau, die er kennen würde. Er erklärte ihr, dass es nicht mehr viele Menschen wie sie gab, die auch an Feiertagen bereit waren zu arbeiten. Anne nickte zustimmend. Zwar hatte sie nicht ganz verstanden, was genau Papa damit meinte, aber sie fühlte sich sehr besonders in diesem Moment. Und schon richtig groß. Es musste etwas sehr Wichtiges gewesen sein, was Papa ihr da gesagt hatte. Das spürte sie sofort.

„Nun aber wieder zurück, Mädi. Mama wartet mit dem Essen auf uns und wir wollen doch pünktlich sein, oder?"

Papa gab Anne dabei einen sanften Schubs und sie machten sich wieder auf den Nachhauseweg. Zufällig kamen sie dabei an einem Fachgeschäft für Papierwaren vorbei. Anne blieb am Schaufenster stehen und war nicht mehr davon loszubekommen. Ihr Blick hing an dem Poster fest, das im Schaufenster ausgehängt war. Es zeigte ein

Mädchen, vielleicht etwas älter als sie selbst, mit roten Regenstiefeln und weiß-blau gestreifter Schuluniform. Fast wie ein Matrose sah es aus. Die roten Regenstiefel gefielen Anne dabei am besten. Neben diesem verschmitzt grinsenden Mädchen war ein schöner Puppenwagen abgebildet mit zwei edlen Puppen darin. Ebenfalls im Matrosenkostüm. Anne zupfte ungeduldig an Papas Ärmel und bat ihn, ob er ihr doch bitte vorlesen könnte, was da geschrieben stand.

„Brave Mädchen kommen in den Himmel, böse Mädchen kommen überall hin."

Anne war begeistert. Ja! Das möchte sie auch. Überall hin! Ja! Genau … überall …

Papa versicherte ihr, dass sie bestimmt überall hinkommen würde, auch wenn sie brav wäre. Nur ungern ließ sich Anne vom Schaufenster losreißen. Sie hatte überhaupt keine Lust, nach Hause zu gehen. Was, wenn Mama immer noch böse war? Was, wenn sie wieder ohne Essen in ihr Zimmer geschickt würde? Tief in Gedanken versunken trottete Anne lustlos neben ihrem Papa her und träumte davon, wie es denn dort sein würde, dort im *Überall*. Aber eines stand fest, sie wollte dorthin. Unbedingt! Und Papa würde sie mitnehmen. Dann könnten sie viele Abenteuer erleben und müssten sich um nichts Sorgen machen.

Dann waren sie immer zusammen. Nur sie beide alleine!

Oh, das wäre so soo schöööön!

Zu Hause war der Mittagstisch bereits festlich gedeckt. Genau so, wie es sich für anständige Leute an einem Sonntag gehörte. Die Suppenschüssel stand auf dem Tisch, der Sonntagsbraten schmorte im Backrohr und Mama kontrollierte immer wieder, ob er schon gar war. Dabei träufelte sie etwas von der Soße darüber und es roch einfach fantastisch. Mama sah auch gar nicht mehr zornig aus und Anne lief zu ihr hin, umarmte sie und entschuldigte sich aufgeregt für die zerbrochenen Frühstückseier von vorhin. Das war ganz sicherlich keine Absicht gewesen, versicherte sie unschuldig. Mama ließ die Umarmung zu und Anne war überglücklich und schmiegte sich eng an sie.

Mama ist mir also nicht mehr böse!

Als Mama sie dann abschüttelte und mit strenger Stimme anwies, die Schuhe auszuziehen, sie ordentlich hinzustellen und die Hände mit Seife zu waschen, gehorchte Anne artig. Sie wollte Mama heute nicht noch einmal verärgern. Kaum hatten sie fertig gegessen, erzählte Anne lebendig von ihrem Ausflug mit Papa. Von dem Park mit den lustigen Eichhörnchen, den bunten Gartenzwergen und auch, dass sie an Papas Schule vorbeigekommen waren. Frau Dartmund und das Poster vom Schaufenster erwähnte sie nicht. Das sollte ein Geheimnis bleiben zwischen Papa und ihr und sie freute sich, etwas nur mit ihm teilen zu dürfen. Mama musste auch nicht alles wissen, fand sie. Außerdem war Mama gerade damit beschäftigt, die schönen, schnörkeligen Tassen aus der Vitrine im Wohnzimmer zu holen. Sie hätte sie also gar nicht hören können. Also warum etwas erzählen, das sie sowieso nicht mitbekam? Eben. Und während Mama die Tassen auf den Tisch stellte und mit Nachdruck betonte, Kaffee sei für kleine Mädchen nichts, hatte Anne ihr schlechtes Gewissen bereits vergessen. Sie war nur heilfroh, dass sie den Kaffee nicht trinken musste, denn der schmeckte schrecklich bitter. Sie würde niemals Kaffee trinken wollen, auch nicht später, beteuerte sie mit gerümpfter Nase. Artig blieb sie am Tisch sitzen und wartete geduldig, bis Mama ihr die Tasse mit aufgeschäumter Milch mit Honig reichte. Dazu gab es noch einen Schokoladenkeks aus der Dose. Als Anne dann noch einen zweiten nehmen durfte, strahlte sie bis über beide Ohren.

Mama hat mich also doch lieb!

Als alle ausgetrunken hatten, bat Mama Anne, ihr beim Abräumen zu helfen, was sie nur zu gerne tat. Das benutzte Besteck legte sie sorgfältig und so leise wie möglich ins Spülbecken, um Dirk nicht aufzuwecken, der nebenan schlief. Man wusste ja nie. Dann nahm sie die Keksdose vom Tisch und überlegte, ob sie nicht doch heimlich noch einen rausnehmen sollte ... da passierte es! Eine der schönen Tassen fiel zu Boden und zersprang in tausend Stücke. Mama hatte eine Tasse fallen lassen! Papa sah zu Mama hin. Mama hielt sich die Hände vors Gesicht und seufzte besorgt. Dann sah sie Papa an. Der wiederum starrte jetzt zu Boden. Anne fand die ganze Situation irgendwie witzig. Überall lagen winzig kleine Stückchen von der schnörkeligen Tasse und Anne betrachtete das bunte Scherbenmuster, das sich am Boden gebildet hatte. Eigentlich ganz hübsch, fand sie. Und während sie es so anschaute, kam ihr ein Gedanke in den Sinn. Anne schaute hoch zu Mama und fragte:

„... *und wer haut dich jetzt?*"
Mama erwidert nichts.

3
... Sorge um Mama

Anne saß zusammengesunken auf ihrem Platz am Fenster im Klassenzimmer. Erdkunde. Eigentlich mochte sie das Fach gerne und folgte dem Unterricht mit Begeisterung. Sie liebte es, von fremden Ländern zu hören, wo sie lagen, wie sie hießen und wie man dort lebte. Anne wollte einfach alles von der Welt erfahren. Später möchte sie so viel wie möglich davon sehen. Da war sie sich ganz sicher. Auch wenn Mama das für eine blöde Idee hielt, die sie sich schnell aus dem Kopf schlagen sollte.

„Was soll denn ein so kleines Mädchen wie du in der großen Welt anfangen? Das gehört sich nicht, hörst du?",

sagte sie dann streng. Doch Anne träumte weiter davon, wie sie die Welt erkunden würde. Außer heute. Heute interessierte Anne das alles nicht. Heute starrte sie aus dem Fenster. Herr Reinlich, ihr Lehrer für Erdkunde und Geschichte, hatte sie schon ein paar Mal ermahnen müssen. Dabei schob er seine Brille auf die Nasenspitze, beugte den Kopf nach unten und lugte streng über den Brillenrand. Die ganze Klasse lachte dann und Anne war das sehr peinlich. Sie schaffte es zwar kurzzeitig, dem Unterricht zu folgen, schweifte aber immer wieder ab. Sie konnte sich heute einfach nicht konzentrieren. Heute machte sie sich große Sorgen um Mama. Mama hatte nämlich etwas Schlimmes gesagt, das Anne gar nicht verstehen konnte. Es geschah heute Morgen. Papa war schon früh zur Arbeit gegangen und es war Annes Aufgabe, Dirk zum Kindergarten zu begleiten, bevor sie selbst zur Schule ging. Früher hatte Mama sie begleitet, doch nun blieb sie immer öfter zu Hause. So wie heute. Doch etwas war anders. Mama hatte sich gar nicht umgezogen und war noch im Nachthemd. Das war sehr ungewöhnlich, denn Mama achtete immer streng darauf, angemessen gekleidet zu sein. Auch ihre Haare waren noch gar nicht frisiert. Wenn Anne sich die Haare nicht kämmte, wurde sie von Mama immer geschimpft. Das alles war mehr als merkwürdig, fand Anne. Und als Mama Dirk mit den Schuhen half, der natürlich wieder einmal nicht stillsitzen konnte, meinte sie beiläufig:

„Anne, pass in der Schule gut auf! Es soll ja später was aus dir werden. Damit du die Welt sehen

kannst. Wenn du nach Hause kommst, werde ich nicht da sein. Ich hänge mich auf dem Dachboden auf, wenn du in der Schule bist."

Was meint sie denn mit „sich aufhängen"? Man bekommt doch keine Luft, wenn man sich aufhängt. Und ohne Luft kann man nicht atmen und dann stirbt man doch ... oder?

Anne verstand das alles nicht. Vielleicht hatte sie nur nicht richtig hingehört, weil Dirk ja so rumquengeln musste. Mama war ja immer auf dem Dachboden und hängte dort die Wäsche auf. Vielleicht hatte sie es auch einfach nur falsch verstanden. Doch richtig Gänsehaut hatte sie bekommen, als Mama das sagte. Alles war sehr eigenartig. Und nun saß Anne in der Schule hinter der Schulbank, starrte Löcher in die Luft und machte sich schreckliche Sorgen um Mama. Sie wusste ja auch nicht, was sie dann machen sollte, wenn sie nach Hause kam. Mama wäre ja dann nicht da.

Muss ich dann für Dirk etwas zu essen machen? Muss ich ihn vielleicht sogar abholen? Oder wird Papa da sein? Warum wird Mama nicht da sein?

Anne verstand das alles nicht. In den folgenden Schulstunden konnte sie dem Unterricht auch nicht folgen. Egal wie sehr sie sich anstrengte und wie oft sie ermahnt wurde. Ihr ging nur eine Frage im Kopf herum:

Was ist mit Mama? Ist es meine Schuld? Aber ich war doch immer brav in letzter Zeit …

Und das stimmte auch. In letzter Zeit war sie wirklich immer brav gewesen. Außer einmal, im Herbst, als sie sich Geld aus Mamas Portemonnaie genommen hatte, was sie nicht durfte. Aber das wusste Anne damals doch nicht. Sie wollte sich doch so gerne in dem Laden um die Ecke noch etwas Süßes kaufen. Anne war schon oft mit Mama unten in dem kleinen Laden gewesen und Mama hatte jedes Mal Geld aus ihrem Portemonnaie genommen, um ihr eine Süßigkeit zu kaufen. Also nahm Anne auch das Geld aus dem Portemonnaie von Mama und kaufte sich eine Tüte Bonbons. Sie dachte sich nichts Schlimmes dabei. Als Mama die Naschereien bemerkte und Anne zur Rede stellte, warum sie einfach so Geld aus ihrem Portemonnaie nehmen würde, sagte Anne unschuldig:

„Du hast doch so viel und ich habe gar nichts."

Und Mama hatte dann doch auch so nett mit ihr geredet und ihr alles ganz ruhig erklärt. Sie war gar nicht böse gewesen und hatte auch nicht mit ihr geschimpft. Mama hatte sich neben Anne an den Tisch gesetzt und ihr erklärt, dass sie nicht einfach Geld aus ihrem Portemonnaie nehmen dürfe. Sie brauche es doch später zum Einkaufen und sie solle sich vorstellen, wie es wäre, wenn sie dann an der Kasse stehen würde und kein Geld dabeihätte.

„Anne, das wäre doch blöd, oder nicht?"

Anne verstand das dann ja auch und nahm nie wieder Geld aus Mamas Portemonnaie, ohne vorher zu fragen. Oder war vielleicht Papa schuld? Ihr lieber Papa? Oder Dirk? Nein, Dirk konnte nicht schuld sein. Den mochte Mama doch am liebsten. Aber Papa? Ihr lieber Papa? Das konnte sich Anne nicht vorstellen. Trotzdem … Anne hatte einen Streit zwischen Mama und Papa mitbekommen. Letzte Woche. Mama war spät am Abend heimgekommen. Anne war davon aufgewacht, weil draußen im Flur etwas umgefallen war. Es hatte ziemlichen Krach gemacht. Ganz erschrocken war sie aufgesprungen und leise zur Tür geschlichen. Damit der blöde Dirk, der im Bett neben ihr schlief, nicht aufwachen würde. Offenbar war Mama im Dunkeln über ihre eigenen Schuhe gestolpert und hatte dabei Papas Tasche, die immer auf der kleinen Kommode neben der Eingangstür stand, zu Boden geworfen. Anne wollte schon hinlaufen, um Mama aufzuhelfen, traute sich dann aber nicht so recht, aus Angst, vielleicht geschlagen zu werden. Deshalb versteckte sie sich lieber hinter der Zimmertür und spähte heimlich hinaus. Etwas stimmte mit Mama nicht. Sie sah krank aus. Von ihrem

Versteck aus konnte Anne beobachten, wie Mama sich recht ungeschickt aus einem neuen Wintermantel herauswand und ihn achtlos auf den Boden warf. Ausgerechnet Mama ließ ihre Sachen auf dem Boden liegen! Anne konnte das nicht glauben! Danach torkelte Mama weiter Richtung Küche. Anne dachte, dass Mama sich vorhin sicherlich wehgetan hatte und sie deswegen nicht so richtig laufen konnte. Dann stieß sie auch noch am Türrahmen an und fluchte *(… Mama fluchte!)* und Anne glaubte schon, sie würde gleich wieder umfallen. Da hörte sie Papas Schritte. Er kam in seinem Schlafanzug aus dem Wohnzimmer. Was machte Papa denn im Wohnzimmer? Warum schlief er nicht in seinem Zimmer? Doch als sie ihn ansah, seinen ernsten Gesichtsausdruck … so hatte sie ihn noch nie gesehen! Er sah richtig böse aus. Erschrocken hielt Anne die Luft an. Papa war böse! Sie wagte nicht zu atmen und schielte mit angehaltenem Atem aus dem Zimmer. Ja, tatsächlich! *Papa schimpfte mit Mama!* Anne riss die Augen auf und wollte gleichzeitig wegsehen.

Hör auf, Papa, hör auf! Mama ist nur hingefallen! Bitte nicht schimpfen, vielleicht ist sie krank, wollte Anne Papa zurufen, aber kein Ton kam aus ihrem Mund. Erstarrt blieb sie in ihrem Versteck und beobachtete eingeschüchtert, wie Papa und Mama in der Küche im Halbdunkeln standen und sich stritten. Mama bekam kein richtiges Wort heraus und konnte auch nicht gerade stehen. Papa schloss nun die Küchentür. Anne hörte noch, wie etwas auf den Boden fiel.

Hoffentlich nicht wieder Mama!

Dann wurde es still. Anne hätte so gerne gewusst, wie es Mama ging, aber sie traute sich nicht hinaus, um nachzusehen. Also schloss sie leise die Zimmertür und kroch verängstigt in ihr Bett zurück. Sie zog die Decke bis über den Kopf und nahm Abby tröstend in den Arm. Sie musste sich auch sehr erschrocken haben. Von draußen drangen nun wieder gedämpfte Stimmen zu ihr durch. Papa war unglaublich sauer. So hatte sie ihn noch nie erlebt.

„Weißt du eigentlich, wie spät es ist?!"

„Wo bist du gewesen? Mit wem?"

„Musste es wieder ein neuer Mantel sein?"

„Reiß dich zusammen! Du weckst noch alle auf!"

„Soll Anne dich so sehen?"

Was Mama sagte, konnte Anne nicht verstehen. Arme Mama. Sie musste wirklich sehr krank sein. Anne verstand nicht, warum Papa so böse war. Er musste doch sehen, dass es Mama nicht gut ging! Warum kümmerte er sich nicht um sie? So wie er sich immer um sie kümmerte, wenn sie Husten hatte. Da brachte er ihr immer warmen Tee mit heimlich extra Zucker. Anne verstand das alles nicht! Mit wem hätte Mama sich denn treffen sollen? Warum sollte sie sie nicht so sehen? Was war los mit Mama? Was fehlte ihr denn? Anne machte sich schreckliche Sorgen. Irgendwann schlief sie dann doch müde ein, obwohl ihr Herz so schnell klopfte. Der Streit draußen ging noch lange weiter, doch sie bekam zum Glück nichts mehr davon mit. Am nächsten Morgen wurde sie liebevoll von Papa geweckt und Anne umarmte ihn ganz fest. Er sagte, sie müssten heute leise sein, weil es Mama nicht so gut gehe und sie sich ausschlafen müsse. Er würde Anne heute zur Schule und Dirk zum Kindergarten bringen. Anne war so erleichtert. Mama ging es gut. Papa kümmerte sich um sie. Das war gut, denn niemand konnte sich so gut kümmern wie Papa. Er war einfach der Beste! Papa machte das Frühstück, schmierte leckere Pausenbrote und half Anne und Dirk beim Anziehen. Dann machten sie sich gemeinsam auf den Weg zum Kindergarten und in die Schule. Annes Sorgen von letzter Nacht waren vergessen. Zum Abschied winkte Papa Anne noch zu und versprach, sie zu Mittag wieder abzuholen. Munter und vergnügt betrat Anne das Klassenzimmer. Als Papa nach der Schule schon auf sie wartete, hüpfte sie sorglos an seiner Hand wieder nach Hause.

Dort war alles so wie immer. Es roch sauber geputzt und Mama hatte Mittagessen gekocht. Es gab Tomatensuppe aus der Dose. Die mochte Anne gar nicht gerne. Trotzdem aß sie brav alles auf und freute sich, dass es Mama so schnell wieder besser ging. Auch wenn sie noch sehr müde aussah.

Aber wollte sich Mama deswegen aufhängen? Es ging ihr doch wieder gut?

Anne verstand es immer noch nicht und hatte große Angst. Was, wenn Mama etwas passierte? Was, wenn Mama wirklich nicht mehr da war, wenn sie nach Hause kam? Was, wenn sie schuld daran war? Sie hätte sie nicht belauschen dürfen! Mama hatte sicherlich mitbekommen, dass sie ihren Streit mit Papa gehört hatte! Mama wusste immer alles. Oder war Mama immer noch böse wegen des Geldes? Aber das hatte Anne ja dann verstanden, dass man das nicht machen durfte, und sich entschuldigt. Sie hatte damals ja nicht gewusst, dass Mama das Geld noch brauchen würde. Aber so böse war Mama eigentlich gar nicht gewesen. Sie hatte ihr doch ganz liebevoll erklärt, wie das mit dem Geld war und dass Papa so viel arbeiten musste, damit sie gut leben konnten und immer etwas zu essen hätten. Anne hatte ihr dann unter Tränen versichert, immer zuerst zu fragen, und da hatte Mama gemeint:

„Dann ist ja gut. Wenn du versprichst, es nie mehr zu machen, dann ist ja gut. Dann werde ich auch Papa nichts davon erzählen."

Und Anne war so glücklich gewesen! Sie würde das Versprechen niemals brechen. Niemals! Oder hatte sie es vielleicht doch irgendwann gebrochen, ohne es zu wissen? Mama sagte ja auch immer, sie sei so vergesslich. Aber an das würde sie sich sicherlich erinnern. Ganz bestimmt. Und den Dirk nannte sie auch nicht mehr *blöder* Dirk. Das hatte Mama nie gemocht. Ganz selten passierte es noch, aber in den Fällen hatte er es sich auch verdient, fand Anne. Von nun an würde sie ihn aber überhaupt nicht mehr so nennen. Auch nicht manchmal. Und auch nicht, wenn er es verdient hatte. Sie konnte auch *Dirk* sagen und sich das *blöde* nur denken. Still. In ihr drinnen. Und auch nur dann, wenn er es sich wirklich, wirklich verdient hatte. So wie heute Morgen, als der *(blöde)* Dirk seinen Kakao über ihr Butterbrot verschüttet hatte und sie es nicht mehr essen konnte und auch kein neues bekam. Mama hatte gar nicht bemerkt, dass der *(blöde)* Dirk so ungeschickt gewesen war, und hatte Anne ganz zu Unrecht die Schuld gegeben. Vielleicht war sie auch wieder krank. Vielleicht war auch Papa noch böse? Was, wenn Mama nicht mehr da war, wenn sie nach Hause kam? Was, wenn sie sich auf dem Dachboden aufgehängt hatte? Anne wollte nicht, dass Mama starb!

Frau Harold, die Englischlehrerin, schickte Anne nun endgültig nach draußen, weil sie auch nach dreimaligem Nachfragen nicht mitbekommen hatte, dass sie eine Frage beantworten sollte. Also verbrachte Anne den Rest des Schultages allein auf dem kalten Flur. Anne hockte auf der kalten Bank neben der Klasse und traute sich nicht zu weinen. Es könnte sie ja jemand sehen.

Mama war an jenem Tag, als Anne nach Hause kam, da. Sie war gerade dabei, den Tisch fürs Mittagessen zu decken. Es roch nach Wiener Würstchen. Dirks Lieblingsessen. Alles war wie immer. Papa war bei der Arbeit. Dirk war im Wohnzimmer und spielte mit seinen Rennautos. Alles war normal. Sie aßen alle gemeinsam zu Mittag. So wie immer. Dann räumte Mama auf. Wies Anne an, ihre Hausaufgaben zu erledigen. Alles war … so wie immer. Doch etwas hatte sich verändert. Anne versuchte zu vergessen, was Mama am Morgen gesagt hatte. Versuchte sich einzureden, sich verhört oder es einfach nur falsch verstanden zu haben. Sie verstand doch oft nicht gleich richtig, sagte Mama immer. Doch als Mama später die Wäsche auf dem Dachboden aufhängen wollte, da packte Anne die Angst und sie rannte Mama hinterher, nur um auf sie aufpassen zu können. Damit ihr nichts geschah.

Anne übernahm mit der Zeit diese Aufgabe und dachte sich, Mama so beschützen zu können. Doch die Selbstmorddrohungen hörten nicht auf. Immer wieder machte sie Andeutungen in diese Richtung und Anne lebte seither in ständiger Angst, nicht auf sie aufpassen zu können. Sie nicht beschützen zu können.

Sie durfte auch mit niemandem darüber reden, schon gar nicht mit Papa. Das musste sie Mama an jenem Tag hoch und heilig versprechen.

4
… Geburtstag

Zehn Jahre! Mama hatte draußen im Schrebergarten nahe dem Stadtrand eine kleine Feier organisiert. Es war ihre erste Geburtstagsfeier, zu
der sie Freundinnen einladen durfte. Normalerweise blieben sie als Familie unter sich. Mama
meinte immer:
*„Alles, was wir brauchen, haben wir hier in un-
serer Familie und darauf können wir stolz sein."*
Aber heute, zu ihrem zehnten Geburtstag, durfte Anne ausnahmsweise ihre Freundinnen aus der
Schule einladen. So viele sie wollte! Dieser Tag
war etwas ganz Besonderes für sie. Auch weil sie
dann allen die schöne Schaukel zeigen konnte,
die Papa ihr zum Geburtstag gezimmert hatte und
die mitten im Garten aufgestellt war. Sogar eine
Schleife hatte er herumgebunden. Anne war schon
ganz aufgeregt, was ihren Freundinnen dazu sagen würden. Es war ein einfach ein herrlicher Tag.
Die Sonne schien und der Birnbaum im Garten

stand in voller Blüte. Alles roch nach Frühling. Anne atmete ihn förmlich in sich ein, während sie es kaum erwarten konnte, dass ihre Gäste eintrafen. Überall hingen bunte Luftballons, es gab Saft und Kuchen und Dirk nervte ausnahmsweise auch nicht so, wie er es sonst immer tat. Mama hatte Frau Hartmann und ihren Sohn Peter eingeladen. Peter war Dirks bester Freund und sie spielten etwas abseits im Garten mit ihren Spielsachen. Das konnte Anne nur recht sein. Dann hatte sie nämlich Ruhe vor ihnen. Anne mochte Peter nicht. Und Frau Hartmann auch nicht. Sie war immer so gehässig und schaute tadelnd auf sie herab. Den Papa von Peter hatte sie noch nie gesehen. Vielleicht gab es auch keinen? Ein Glück für ihn, nicht da zu sein, dachte Anne manchmal heimlich. Mama und Frau Hartmann trafen sich öfters zum Kaffeetrinken in der Stadt und unterhielten sich dann stundenlang über langweilige Themen. Anne musste dann immer mit ihnen am Tisch sitzen, während Dirk mit Peter spielen durfte. Sie musste mitanhören, was Dirk alles konnte und wie gut er in der Schule war und wie stolz er Mama machte. Über Anne sprach sie nie auf diese Weise. Mamas Augen leuchteten, wenn sie Frau Hartmann von dem *(blöden)* Dirk vorschwärmte, und sie nannte ihn dann immer liebevoll ihr kleines *Dirkilein*. So ein bescheuerter Name. Schrecklich! Anne musste hingegen immer schön still sitzen bleiben und durfte keinen Mucks von sich geben. Sie hätte doch auch lieber gespielt. Auch alleine, das wäre ihr egal gewesen. Aber heute war es anders. Heute war ihr Geburtstag und ihre besten Freundinnen waren gerade eingetroffen. Das waren Heike, Sabine, Ute und Lisa. Lisa war ihre allerbeste Freundin. Sie musste bis in die dritte Klasse immer die gebrauchten Kleider ihrer älteren Brüder tragen und wurde deswegen oft von ihren Mitschülern gehänselt.

„So was macht man nicht, schämt euch!",

hatte Anne sie dann ausgeschimpft und Lisa in Schutz genommen. Mutig hatte sie sich vor sie gestellt und allen gedroht, sie bei den Haaren zu ziehen, wenn sie sich noch einmal trauen würden, diese schlimmen Dinge zu Lisa zu sagen. Seitdem waren sie allerbeste Freundinnen, saßen in der Klasse nebeneinander und tuschelten, sobald die Lehrerin nicht hinsah. Sie teilten sich die Pausenbrote, gingen zusammen von der Schule gemeinsam nach Hause und schwärmten für denselben Jungen. Marco. Er war eine Klasse über ihnen. Alle Mädchen schwärmten für ihn. Vielleicht weil er so anders aussah mit seinen schwarzen Haaren. Seine Mama kam aus Italien. Anne wusste, wo das war. Sie kannte es von der Landkarte. Dorthin wollte sie schon immer mal. Bis ganz hinunter. Bis dorthin, wo die Spitze des Stiefels war. Und Lisa musste auch unbedingt mitkommen. Marco, Lisa und sie. Schade, dass Marco heute nicht hier war, doch Mama hätte das nie erlaubt. Anne genoss ihren zehnten Geburtstag trotzdem in vollen Zügen. Diesen Tag würde sie nie vergessen, das wusste sie. Sie feierte ausgelassen und hatte viel Spaß. Die Schaukel war sehr beliebt und es wurde fleißig abgewechselt. Man konnte sich damit auch so wunderbar im Kreis drehen. Es drehte richtig schnell, wenn man wollte. Lisa wurde davon übel und alle lachten, weil sie so käseweiß im Gesicht wurde. Zum Glück erholte sie sich nach einem Schluck Himbeersaft wieder und lachte einfach mit den anderen mit. Anne war so glücklich! Einen so tollen Nachmittag mit ihren Freundinnen hatte sie noch nie gehabt! Alles war einfach nur wunderschön. Dirk spielte mit Peter abseits im Garten und ließ sie glücklicherweise in Ruhe. Papa saß am Tisch, genoss die Sonne und seine Zeitung. Mama war gut gelaunt und lachte mit Frau Hartmann über dieses und jenes. Es konnte wirklich nicht schöner sein. Dann rief Mama alle zum Kuchenessen. Mit roten und verschwitzten Gesichtern versammelten sich die Mädchen aufgeregt um den Tisch und stürzten sich mit großen Augen gierig auf den so lecker aussehenden Sahnekuchen mit den Pfirsichen darauf. Den mochte Anne am allerliebsten. Sie hatte sich genau diesen Kuchen gewünscht und Mama hatte ihn für sie gebacken. Zu ihrem großen Erstaunen ließ Mama sie, nachdem sie alle zehn Kerzen ausgepustet hatte, den Kuchen ganz alleine anschneiden. Mit dem großen, scharfen Messer! Sie wusste, daran würde sie sich noch in vielen Jahren erinnern. Auch wenn man schon alt sein würde, so dreißig, würde sie sich daran erinnern. Ganz bestimmt! Diesen Geburtstag würde sie nie vergessen! Zehn Jahre! Das bedeutete, Anne war jetzt schon fast erwachsen. Vor allem, weil Mama ihr das scharfe Messer anvertraute. Das war eine große Ehre für sie. Geschickt schnitt Anne den Kuchen in fast gleich große Stücke. Papa bekam das größte Stück. Dirk zufälligerweise nur ein kleines. Er warf seiner Schwester einen bösen Blick zu. Aber das war wirklich keine Absicht gewesen und Anne beachtete ihn gar nicht. Dazu hatte sie gar keine Zeit, denn stolz reichte sie Stück für Stück weiter. Am Ende blieb noch ein kleines Stück für sie selbst übrig. Verträumt aß sie es genussvoll auf. Es war der glücklichste Tag ihres jungen Lebens.

Der Nachmittag war noch mit Spielen und Herumtollen gefüllt und in der ganzen Aufregung vergaß Anne, zur Toilette zu gehen. Umso dringender musste sie nun und rannte schnell an Frau Hartmann vorbei zum Klohäuschen, das etwas abseits stand. Leider war es gerade besetzt und Anne trippelte nervös auf der Stelle hin und her. Sie wartet und wartete, doch es kam niemand heraus und es wurde immer dringender. Aus Angst, sich in die Hose zu machen, hockte sie sich schnell unweit des Klohäuschens ins Gebüsch. Hier sah sie ja keiner. Ausgerechnet in diesem Moment öffnete Mama die Tür und kam heraus. Ungläubig starrte sie Anne an, zerrte sie hoch und schubste sie mit einem saftigen Schlag auf Annes nackten Hintern grob ins Klohäuschen hinein:

„Das kann ja gar nicht wahr sein! Anne! Schämst du dich denn gar nicht? Wenn dich jemand so sieht? Pfui! Was denkst du dir nur dabei? Schäm dich, Anne! Rein da, bevor dich Papa so sieht!"

Dann schloss Mama die Tür. Anne wollte nicht weinen. Nicht an ihrem Geburtstag. Und doch konnte sie die Tränen nicht zurückhalten. Sie hörte draußen die Vögel zwitschern, hörte ihre Freundinnen lachen und versuchte sich zusammenzunehmen. Sie atmete ein paarmal tief durch, bis sie sich wieder beruhigte. Sie würde sich einfach an Mama vorbeischleichen und so tun, als wäre nichts gewesen. Niemand sollte das von vorhin bemer-

ken. Es hatte ja auch niemand außer Mama mitbekommen. Anne schob ihr hochgezogenes Kleid
nach unten. Ihr Hintern brannte immer noch. Sie
wollte gerade die Tür öffnen, da hörte sie, wie
sich Mama mit Frau Hartmann draußen unterhielt
und ihr erzählte, wie Anne vorhin … es war ihr
so peinlich! Sie wollte nicht, dass Mama davon
erzählte. Schon gar nicht dieser blöden Kuh.

*„Du kannst dir gar nicht vorstellen, wobei ich
Anne gerade erwischt habe! Pinkelt einfach in den
eigenen Garten! Kannst du dir das vorstellen? Also
mit dem Mädchen muss ich mich wirklich nur
schämen! Weißt du, ich hätte ja viel lieber nur
Jungs gehabt. Am liebsten vier. Und dann kam sie!
Hätte ich sie nur nie …"*

*„Ach, du Arme! Du kannst einem wirklich nur
leidtun. Nein, so was! Unvorstellbar! Also das ist
wirklich ekelhaft … kaum zu glauben. Zum Glück
hast du ja noch deinen Dirk. Das muss ein echter
Segen für dich sein."*

*„Ja, zum Glück habe ich noch mein Dirkilein.
Er ist so ein Schatz! Weißt du. So ein lieber, braver
Junge. Ich könnte ihn den ganzen Tag küssen und
halten, so lieb habe ich ihn."*

Da war es wieder. Das Gefühl, das Anne seit
ihrer Kindheit begleitete. Das Gefühl, nicht erwünscht zu sein. Im Vorbeigehen hörte sie, wie

Mama und Frau Hartmann über sie tuschelten. Beschämt sah Anne zu Boden. Da hasste sie ihre Mutter zum ersten Mal über alles.

Ein wirklich schöner zehnter Geburtstag.

5
... bin ich hübsch?

Diese Frage quälte Annes Spiegelbild nun seit einer knappen Stunde. Sie war nervös. So richtig nervös. Heute war Abschlussball in der Tanzschule. Anne hatte mit dreizehn Jahren mit dem Tanzen angefangen und heute, ein Jahr später, war der erste Ball, auf den sie gehen durfte. Und sie würde mit Jens vom Nachbarhaus hingehen. Sie waren zusammen aufgewachsen, hatten miteinander im Kindergarten gespielt und sich immer gegenseitig verteidigt, wenn es einmal nötig gewesen war. Jens war auf Annes Seite und umgekehrt. Es war auch derselbe Jens, der sie gestern überraschend geküsst hatte. Ganz lieb und sachte. Abends, vor dem Hofeingang. Draußen, wo jeder sie hätte sehen können. Draußen, wo Mama sie hätte sehen können.

Sie saßen beide auf der Rückenlehne der Bank, die Füße auf die Sitzfläche gestellt und hielten sich verlegen an den Händen. Plauderten unbeschwert über den Tag, freuten sich auf die Ferien, den

Sommer und den Abschlussball, der schon morgen sein würde, und darüber, wie gut sie inzwischen tanzen konnten.

„Die Schritte sind gar nicht mehr so schwierig wie am Anfang",

schwärmte Anne, während sie im Dreivierteltakt vor sich hin summte. Der Hof war bis auf ein paar hungrige Spatzen, die unter den Sträuchern nach Essbarem suchten, leer. Eine ältere Frau mit einem noch älter wirkenden Dackel wackelte einsam an ihnen vorbei. Jens und Anne wurden argwöhnisch beäugt und mit einem verständnislosen Kopfschütteln bedacht. Sobald Anne und Jens sich sicher waren, außer Hörweite zu sein, witzelten sie über Hund und Dame, rümpften die Nase, und als Anne gerade dazu ansetzte, die Mimik der Dame nachzumachen … da geschah es! Jens küsste sie! Seine Lippen berührten ihre. Es fühlte sich überraschend weich an. Und geübt. Ihre Zungenspitzen berührten sich nur zaghaft. Ganz kurz. Es fühlte sich so anders an, als Anne es sich vorgestellt hatte. Überraschend schön. Und es schmeckte nach Minze.

Wahrscheinlich immer noch vom Kaugummi, auf dem Jens schon seit Stunden herumkaute.

Anne wunderte sich, woran man in so einem Moment alles denken konnte. Sie roch den Duft

seiner Haare, seiner Haut. Es roch genau so, wie
Jens immer roch. So, wie sie ihn kannte. Seit jeher.
Der leere und karge Hof war in diesem kurzen
und intimen Moment in einen Hauch von prickeln-
der Romantik getaucht. Jetzt wusste Anne, wie sich
Schmetterlinge im Bauch anfühlten. Ihr war ganz
mulmig zumute. Sie konnte keinen klaren Gedanken fassen und ihr war sogar etwas schwindlig.
Anne hielt sich einfach an Jens fest und wünschte
sich, dass dieser Moment niemals zu Ende gehen
würde. Anne und Jens! Küssend auf der Parkbank.
Sie saßen noch lange da, hielten sich an den Händen und sahen der Sonne zu, wie sie hinter den
Dächern unterging. Anne hatte den Kopf glück-
selig an die Schulter von Jens gelehnt. So wollte
sie ihren ersten Kuss auf ewig in Erinnerung behalten.

In einer halben Stunde würde Jens sie für den
Abschlussball abholen kommen. Anne musste sich
nun zusammenreißen, denn heute wollte sie besonders hübsch für ihn sein. Jens war ein Jahr älter und etwas größer als Anne, hatte freundliche,
warme Augen und sie fühlte sich immer sehr geborgen und beschützt bei ihm. So wie bei Papa.
Und er war der beste Tänzer, den sie kannte. Wenn
sie zusammen tanzten, fühlte sie sich wie auf
Federn. Mit den anderen Jungs war das nicht so

harmonisch. Anne wusste, dass sie wegen des Balls nicht nervös sein musste. Sie beide waren ein gutes Team. In ihrem Bauch begannen die Schmetterlinge erneut aufgeregt und ganz wild durcheinanderzuflattern, wenn sie an den Kuss von gestern dachte. Immer wieder senkte sie verlegen den Blick vor ihrem Spiegelbild, wenn sie sich bei dem Gedanken daran ertappt fühlte, und hörte nicht auf, vor sich hinzugrinsen. Etwas ungeschickt versuchte sie sich so zu schminken, wie ihre Freundinnen es ihr gezeigt hatten. Anne stellte sich auf die Zehenspitzen, lehnte sich übers Waschbecken, zupfte Haarsträhnen zurecht, trug Kajalstift und Wimperntusche auf, wischte alles wieder ab, ärgerte sich über das gerötete, glänzende Gesicht und schlussendlich einfach über alles. Gesicht. Haare. Hüften. Alles! Frustriert und enttäuscht stand Anne in Unterwäsche vor dem Spiegel und betrachtete sich kritisch. Immer wieder drehte sie sich missbilligend hin und her. In diesem Moment gefiel ihr gar nichts an ihr. Auch nicht ihre grünen Augen, um die sie von ihren Freundinnen beneidet wurde. Anne fand, die anderen sahen alle viel, viel besser aus als sie. So schlank, wie sie waren. Und in genau diesem denkbar ungünstigsten Moment stürmte ihre Mutter ungefragt ins Badezimmer. Anne zuckte verlegen zusammen. Die

Situation war ihr sehr unangenehm, wie sie nur in Unterwäsche dastand. Beschämt blickte sie zu Boden. Sie fühlte sich in diesem Moment unglaublich nackt und unwohl in ihrer Haut. Anne wollte sich bedecken, aber sowohl das Handtuch als auch das Kleid lagen zu weit weg. So wollte sie nicht gesehen werden. Schon gar nicht von Mama. Raus konnte sie so auch nicht, denn sie hätte Dirk oder Papa über den Weg laufen können.

„Anne, komm, mach Platz! Die Gästetoilette ist besetzt!"

Die Entschuldigung ihrer Mutter klang nach einer Ausrede. Sie hob den Klodeckel, öffnete Knopf und Reißverschluss ihrer Hose und setzte sich umständlich und äußerst geräuschvoll zum Pinkeln hin. Annes Blick blieb an Mamas Unterhose hängen. Hinuntergelassen bis zu den Knien. Eine nicht mehr frische Monatsbinde klebte darin. Anne schaute peinlich berührt weg und versuchte weder hinzusehen noch hinzuhören.

„Das ist nichts, wofür man sich schämen muss, Anne! Dafür nicht! Sich aber von Jungs küssen und besudeln zu lassen, dafür allerdings schon!"

Anne wurde auf einen Schlag schlecht. Es traf sie aus dem Nichts. Ganz ohne Vorwarnung. Mitten in die Magengrube. Der scharfe Ton schnürte Anne die Kehle zu. Mamas kalter Blick ließ Anne auf der Stelle zu Stein erstarren, der augenblicklich in tausend Stücke zerbrach. Ihre Mutter, offensichtlich zufrieden mit der Wirkung, verließ das Badezimmer und fügt im Hinausgehen noch hinzu:

„Schade, dass du vor dem Abschlussball nicht abgenommen hast. Ein paar Kilo weniger würden dir nicht schaden. Wir hätten dich auf Diät setzen sollen."

Dabei kniff sie Anne spitz in die Hüfte. Anne zuckte zusammen. Tränen schossen ihr in die Augen. Sie drehte sich schnell weg, denn sie wollte nicht, dass Mama sie weinen sah. Dann schloss sich die Tür und Anne war wieder allein. Im Badezimmer neben dem Waschbecken. Am Boden zerstört. Die Wimperntusche hielt sie in ihrer zur Faust geballten Hand. Annes schönstes Kleid lag auf dem kleinen Hocker neben der Tür und wartete eigentlich nur darauf, angezogen und ausgeführt zu werden. Vor wenigen Minuten hatte Anne sich noch darauf gefreut, von Jens in den Arm genommen zu werden. Doch jetzt war ihr der Boden unter den Füßen weggezogen worden. Es kam ihr so vor, als würde sie in ein tiefes Loch fallen. Starr. Bewegungslos. Mit dieser boshaften Bemerkung hatte Mama es geschafft, ihr Selbstwertgefühl zu zerstören. Anne hätte sich am liebsten irgendwo verkrochen und wäre nie wieder aus ihrem Versteck gekommen. So sehr schämte sie sich. Erst Dirks ungeduldiges Klopfen und seine nervige Stimme holten Anne zurück in die Realität. Lustlos trug sie Wimperntusche auf, zog sich an und öffnete trotzig die Tür. Aufrecht ging sie an Dirk vorbei, als wäre nichts gewesen. Als wäre alles so wie vorher. Niemand sollte merken, wie verletzt sie war. Niemand!

Jens war hingerissen, als Anne ihm die Tür öffnete. Doch weder sein strahlender Ausdruck in den Augen noch das Kompliment, das er ihr machte, als er ihr sagte, wie wunderschön sie sei, konnten das wiedergutmachen, was Mama vorher mutwillig zerstört hatte. Jens legte den Arm um seine Freundin und gemeinsam gingen sie durchs Treppenhaus ins Freie. Er merkte nichts von dem, was in Anne vorging. Welche Schimpfworte sie ihrer Mutter in Gedanken an den Kopf warf.

Blöde, alte Kuh!

6
... unbeschwert und fast erwachsen

Dieser Duft ... ein Wahnsinn! Anne spürte ihn in
der Luft, als könnte sie ihn mit den Händen grei-
fen und mit jeder einzelnen Pore ihres Körpers in
sich einsaugen. Dieser Duft ließ die Schmetterlinge in Annes Bauch heftig flattern. So hatte sie
es noch nie erlebt. Als würde sie geradewegs in
eine neue Welt eintauchen, kopfüber und mit verbundenen Augen. So toll war der Duft. Einfach
berauschend. Beflügelnd. Betörend! Wow!

Am zweiten Samstag jeden Monats wurde in
Jens' und Annes Tanzschule ein Tanzabend organisiert, zu dem jeder kommen konnte, der wollte.
Der Abend war sehr beliebt bei den Jugendlichen.
Es gab Getränke und gute Musik. Jens und Anne
waren nun seit fast drei Jahren zusammen. Seit
dem Abschlussball damals waren sie unzertrenn-
lich. Alles lief wunderbar. Es konnte nicht besser sein. Sie unternahmen viel und sahen sich
täglich. Jens' Eltern mochten Anne sehr gerne und

hatten nichts dagegen, dass sie gelegentlich bei ihm übernachtete. Nur die Schule durfte nicht vernachlässigt werden. Das war ihre einzige Bedingung. Bei Anne zu Hause trafen sie sich nie. Jens verstand zwar nicht genau, warum Anne das nicht wollte, er fragte aber auch nicht nach. Sie konnten sich ja in seinem Zimmer treffen. Das reichte ihm. Und da Anne ja auch in der Nachbarschaft wohnte, konnten sie sich sehen, wann immer sie wollten. Wenn sie sich nicht in der Schule oder bei ihm trafen, dann waren sie beim Tanzen. Das Tanzen wurde zum festen Bestandteil ihrer Beziehung. Anne und Jens tanzten am liebsten den langsamen Walzer zusammen, auch wenn momentan eher lateinamerikanische Tänze in Mode waren. Heute beobachtete Jens seine Freundin dabei, wie sie den ganzen Abend mit dem neuen Jungen aus der Schule tanzte. Bernd. Er ging zwar in seine Parallelklasse, war aber ein Jahr älter als er und gerade erst mit seiner Familie hergezogen. Jens dachte sich nichts dabei und unterhielt sich unbeschwert mit seinen Kumpels an der Bar.

Anne dachte gar nicht an Jens. Sie hatte auch kein schlechtes Gewissen, weil sie die ganze Zeit mit einem anderen Jungen tanzte. Bernd war ein ausgezeichneter Tänzer. Er führte sie sanft, so wie

Jens, doch sein Griff war viel fester und bestimmender. Anne konnte sich dieser Umarmung und Führung ganz hingeben und hoffte, dass dieser Abend niemals enden würde. Sie tanzten mal eng und vertraut, mal ausgelassen und wild. Die Musik bestimmte den Rhythmus. Alles um sie herum schien egal zu sein. Sie tanzten. Sie berührten sich. Das war alles, was zählte. In diesem Wechselbad der Gefühle trafen sich immer wieder ihre Blicke. Kurz. Und intensiv. Anne und Bernd verstanden sich ohne Worte und die Funken zwischen den beiden flogen ganz gehörig. Diese prickelnde Spannung zwischen ihnen wurde nur dadurch unterbrochen, dass die Musik abrupt aus- und das Licht eingeschaltet wurde. Anne verabschiedete sich nun förmlich von Bernd, bedankte sich für den schönen Tanz und ging zögernd zu ihrem Freund. Zu Jens. Sie konnte spüren, wie Bernd sie dabei nicht aus den Augen ließ, und senkte verlegen den Blick. Ihre Knie wurden butterweich und Anne hielt sich schnell an Jens fest, der demonstrativ seinen Arm um ihre Schultern legte. Anne konnte keinen klaren Gedanken mehr fassen und hätte am liebsten noch lange in die Nacht hinein mit Bernd getanzt. Sie wollte nicht, dass dieses Gefühl einfach so aufhörte. Jens fragte Anne, ob sie noch etwas trinken möchte, doch sie war schon zu sehr in ihre Gedanken versunken, um darauf zu antworten.

Bernd schaute Anne hingerissen hinterher. Er wusste, er konnte mit seinem Aussehen und seiner Ausstrahlung jedes Mädchen rumkriegen. Reihenweise liefen sie ihm nach. Aber so intensiv wie mit Anne war noch keine Begegnung gewesen. Er fand sie hübsch. Eine natürliche Schönheit. Und sie war interessant. Obwohl sie kaum miteinander geredet hatten, war es nie langweilig gewesen. Keine peinlichen Pausen, in denen man krampfhaft versuchte, ein Thema zu finden, über das man sich unterhalten konnte. Er fand ihre Art einfach faszinierend. Bernd musste kurz an seine Freundin Melanie denken, mit der er seit drei Wochen zusammen war, aber … Anne! Also Anne möchte er definitiv wiedersehen. Er musste einen Weg finden, doch offenbar war sie mit einem anderen zusammen, was die Sache etwas verkomplizierte.

Anne musste einfach nochmal kurz mit Bernd sprechen. Ihn nur kurz noch einmal sehen. Ihm vielleicht ihre Telefonnummer geben. Oder sich verabreden. Aber wie? Wie sollte sie das unauffällig hinbekommen, ohne dass Jens Verdacht schöpfen würde? Jens und seine Kumpels hatten in dem Moment beschlossen rauszugehen, um eine zu rauchen. Da hatte Anne eine Idee. Sie wand sich mit der Entschuldigung, sehr dringend aufs Klo zu müssen, aus Jens' Umarmung und verschwand Richtung Toiletten. Vielleicht war es nicht die ausgefallenste Ausrede, dafür effizient und unauffällig. Und sie funktionierte. Denn Jens nickte nur kurz und war auch schon auf dem Weg hinaus. Er schien völlig ahnungslos zu sein. Anne suchte verzweifelt den ganzen Raum mit ihren Augen ab. Wo war Bernd? War er schon gegangen? Sie konnte ihn nirgends entdecken. Um ihre kleine Notlüge nicht auffliegen zu lassen, versteckte sie sich für ewige drei Minuten auf dem Klo. Enttäuscht, Bernd nicht noch einmal getroffen zu haben, betätigte sie die Spülung und machte sich auf den Weg nach draußen. Zu Jens. Zu ihrem Freund, mit dem sie seit drei Jahren zusammen war. Der immer für sie da war. Der sie zum ersten Mal geküsst hatte. Der ganz zärtlich und vorsichtig zum ersten Mal mit ihr geschlafen hatte. Der Jens, der sich sicherlich gut und ausgelassen mit seinen Kumpels unterhalten würde und nicht ahnte, was gerade in ihr vorging. Als hätte sie heute nichts Besonderes erlebt. Als wäre alles so wie immer. Inzwischen waren alle Lichter gelöscht worden und Anne bahnte sich im Halbdunkel den Weg nach draußen. Weit kam sie nicht.

Bernd wollte gerade gehen. Er hatte sich von seinen Freunden verabschiedet und bemerkte Anne gerade noch rechtzeitig, bevor sie durch die Toilettentür verschwand. Er konnte nicht anders. Instinktiv ergriff er seine Chance und wartete dort auf sie. In dieser kleinen Nische neben der Tür. Und da kam sie auch schon heraus. Wie hübsch sie aussah …

Etwas hielt Anne am Arm zurück. Instinktiv wusste sie, was oder – besser gesagt – wer das war. Ihr Herz machte tausend Freudensprünge. Im Halbdunkel sah sie diese warmen braunen Augen, dieses kurz geschnittene blonde Haar und diesen Mund, der sich ihrem näherte. Bernd! Er war da! Er war noch nicht gegangen! Er hatte auf sie gewartet! Und er küsste sie! Jetzt, in diesem Moment! In Anne geriet alles außer Kontrolle. Ihr Herz pochte, sie konnte kaum atmen und befürchtete, dass ihre weichen Knie sie nicht mehr halten könnten. Und er roch immer noch so unglaublich gut. Anne legte sich bedingungslos in seine Arme. Sie konnte nicht anders. Bernds Griff um ihre Hüfte wurde fester. Stark hielt er sie mit dem rechten Arm umschlungen, während die linke Hand liebevoll auf ihrer Wange lag und sanft den Kuss unterstützte. Anne fühlte nur noch. Fühlte diese Lippen auf den ihren. Fühlte, wie sich ihre beiden Zungen suchten und fanden. Fühlte eine kribbelnde Wärme in ihrem Bauch und Oberkörper. Ein flüchtiger Gedanke an Jens, der sich draußen vielleicht Sorgen um sie machte.

Nein ... Jens macht sich nie Sorgen.

Und schon war sie mit den Gedanken wieder bei Bernd. Der Kuss durfte nicht enden. Noch nicht. Niemals. Doch Bernd lockerte seinen Griff, sah Anne tief in ihre schimmernden grünen Augen und verabschiedete sich mit einem Flüstern, bevor er nach draußen verschwand. Anne blieb mit roten Wangen und pochendem Herzen zurück und sah Bernd hinterher. Dann tat sie es ihm nach, trat aus der Nische und ging mit zitternden Knien nach draußen. Annes Gefühlswelt war vollkommen durcheinander. Immer noch spürte sie Bernds Lippen auf den ihren.

Jens und seine Kumpels lehnten draußen an der Mauer und unterhielten sich, als Anne wieder zu ihnen stieß. Er schien sie gar nicht vermisst zu haben und legte seinen Arm wie gewohnt um ihre Schultern. Annes Blick blieb verlegen auf den Boden gerichtet, damit niemand ihre glühenden Wangen bemerkte. Sie schwebte immer noch im siebten Himmel. Berauscht. Überwältigt. Alles zugleich! Ihr Herz pochte stark und sie hatte fast Sorge, dass man es hörte. Die Tanzschule schloss nun endgültig ihre Tore und die letzten Gäste wurden gerade zur Tür hinausbegleitet. Anne wurde zappelig. Die Jungs hatten in der Zwischenzeit beschlossen, im Keller von Jürgen, dem besten Kumpel von Jens, die Party mit ein paar Bieren ausklingen zu lassen. Und das verschaffte Anne die Ausrede, die sie sich ersehnte. Sie erklärte, sie sei zu müde vom vielen Tanzen und würde lieber nach Hause gehen. Denn so konnte sie sich unauffällig von der Gruppe lösen. Schnell verabschiedete sie sich von Jens mit einem Kuss auf die Wange und winkte kurz seinen Freunden zu. Jens wollte noch fragen, ob alles in Ordnung sei, doch da hatte Anne sich bereits umgedreht und war gegangen. Sie versuchte angestrengt, beim Gehen nicht zu freudig oder aufgeregt zu wirken. Ihre kleine Ausrede sollte ja echt aussehen. Anne wollte Jens eigentlich nicht belügen. Und doch tat sie es. Sie konnte nicht anders. Bernd wartete nämlich auf sie, und das durfte sie sich nicht entgehen lassen. Sie wollte diesen Traum mit Bernd nicht nur weiterträumen, sondern ihn zu Ende erleben. Anne eilte davon, ohne sich noch einmal umzudrehen. Hätte sie zurückgeschaut, wäre sie nicht gegangen.

Jens sah Anne noch lange nachdenklich nach. Er hatte ihre Anspannung gefühlt und sah nun zu, wie sie um die Ecke bog. Während seine Kumpels zum Aufbruch drängten, haderte er sehr mit sich. Sollte er Anne folgen? Sein Herz war von einer tiefen Traurigkeit erfüllt. Der Kuss zwischen dem Neuen und seiner Freundin war eindeutig gewesen und sagte mehr als tausend Worte. Vorhin, als er ins Lokal zurückgegangen war, um nach Anne zu sehen, hatte er beobachtet, wie sie eng umschlungen dort im Halbdunkeln standen und sich leidenschaftlich küssten. In diesem Moment hatte er verstanden, dass er Anne verlieren würde. Sie waren so ineinander versunken gewesen, dass sie ihn gar nicht bemerkt hatten. Traurig sah er Anne nach. Seiner Anne. Wie sie ohne ihn nach Hause ging. Da gab Jürgen ihm einen Schubs auf die Schulter, damit er endlich in die Gänge kam. Sie wollten ja noch weiterfeiern. Schließlich folgte Jens seinen Kumpels. Am nächsten Tag hatte er einen schlimmen Kater.

Anne kam nicht. Bernd wartete ewig an der Straßenkreuzung nahe dem Stadtpark. Genau an der beschriebenen Stelle, die er ihr vorhin ins Ohr geflüstert hatte. Er würde auf sie warten, bis sie dann nachkommen könnte. Aber sie kam nicht. Enttäuscht brach er auf und machte sich auf den Heimweg.

Nein, sie durfte ihn nicht verpassen! Anne sah, wie Bernd sich vom Geländer der Brücke abstieß und in die entgegengesetzte Richtung aufbrach, ohne sich noch einmal umzudrehen. Sie wollte ihm zurufen, brachte aber keinen Ton heraus. Anne rannte los. Sie musste ihn unbedingt einholen. Er war schon ziemlich weit entfernt, also rannte sie schneller. Bernd war schon fast in der Dunkelheit des Parks verschwunden. Verzweifelt rief sie seinen Namen in die Nacht hinein.

„Bernd! Bernd! Warte!"

Er hörte sie nicht. Sie rief wieder und wieder. Lauter und noch lauter. Und endlich. Bernd blieb stehen, drehte sich um und Anne flog regelrecht in seine Arme. Er brauchte sie nur noch weit auszubreiten und sie aufzufangen. Was er nur allzu gerne tat. Anne ließ sich verschwitzt und vollkommen außer Atem sehnsüchtig in seine Arme fallen. Bernd! Da war er! Und wieder dieser betörende Geruch. Anne fühlte sich bis in die letzte Zelle ihres Körpers davon durchdrungen. Er erweckte in ihr ein Gefühl der Leichtigkeit und Unbeschwertheit. Von der erotischen Wirkung einmal abgesehen. Sie war einfach zu stark, als dass Anne sich hätte widersetzen können. Sie wollte Bernd nur noch spüren, riechen, schmecken und küssen. Sie wollte sich diesem Jungen hingeben. Hier. Jetzt. Mitten in diesem Park. Sie wollte nicht warten. Und Bernd offensichtlich auch nicht. Sie spürte sein Verlangen ebenso wie das ihre. Bernd zog Anne fest an sich. Ihre Lippen fanden sich. Ihre Körper fanden sich. Bernd breitete seine Jacke auf dem Rasen aus und sie ließen sich darauf nieder. Die Büsche würden sie vor fremden Blicken schützen. Neben ihnen schlängelte sich ein Bächlein durch den Park, in dem sich der Mond spiegelte. Doch ihre Leidenschaft hinderte sie daran, diese romantische Umgebung wahrzunehmen. Zu sehr waren sie damit beschäftigt, sich stürmisch zu entdecken. Bernds Hände und Lippen erkundeten jeden Zentimeter von Annes Körper. Ihre Lippen. Ihren Hals. Ihren Busen. Bernd schob ihren Rock nach oben und seine Finger tasteten sich geübt an ihren Slip. Geschickt streifte er ihn nach unten und sah ihr dabei tief in die Augen. Erwartungsvoll verfolgte Anne jede seiner Bewegungen und während er die Innenseite ihrer zitternden Schenkel küsste, öffnete sie bereitwillig ihre Beine, um ihn noch intensiver spüren zu können. Angekommen an ihren sensibelsten Stellen, brachte Bernds Zunge Anne vollends um den Verstand. Diese Spannung war kaum zu ertragen und Anne erlebte etwas, was sie zuvor noch nie erlebt hatte. Ein Feuerwerk explodierte zwischen ihren Schenkeln. Sie schrie auf, entlud all die Energie in das Dunkel der Nacht und ließ sich einfach fallen. So etwas hatte sie vorher noch nie erlebt. Anne fühlte sich so überwältigt und desorientiert und unendlich glücklich zugleich. Das wollte sie wieder erleben. Unbedingt! Sie musste es wieder erleben! Das war es also, von dem alle immer sprachen! Das war es! Benommen blieb Anne am Boden liegen. Genussvoll hielt sie die Augen geschlossen. Sie wollte dieses intensive Gefühl von eben so lange wie möglich bewahren. Sie genoss Bernds Hände, die wieder nach oben wanderten, ihr Shirt und BH auszogen, und spürte, wie er ihren Hals küsste und leicht in die Brustwarze kniff. Spürte, wie er sie sanft und bestimmt auf den Bauch drehte, als würde er noch immer mit ihr tanzen. Er hob ihr Becken an und strich mit beiden Händen über Annes Rücken bis hin zu ihrem Po. Anne streckte sich ihm voller Verlangen entgegen. Ja, sie wollte noch mehr von ihm. Bernd griff nach ihren kräftigen Hüften und drang tief in sie ein. Langsam und kraftvoll. Dann verlangend und schnell. Anne konnte keinen klaren Gedanken mehr fassen. Die Welt um sie herum verschwand. Kein Jens. Keine Verhütung. Keine Scham. Nichts. In diesem Park sprengten sie zusammen alle Grenzen der Lust.

Was würde Mama jetzt dazu sagen?
Zum Teufel mit Mama!

Doch dann, als sie neben Bernd so am Boden lag, müde, verschwitzt und ganz außer Atem, in seinen Armen liegend, überall Gras und Laub an sich klebend, ja, da fühlte sie sich so, wie Mama immer sagte.

Dreckig. Beschmutzt. Besudelt.

7
... jein, ich will ...

Papa hielt Anne die Autotür auf und ließ seine gerade volljährig gewordene Tochter auf der Beifahrerseite seines alten roten Opel einsteigen. Es war ein wunderschöner Tag im Mai. Der Himmel war wolkenlos, die Sonne schien warm und überall blühte es bereits. Die Vögel zwitscherten und hießen den Frühling willkommen. Schöner konnte ein Tag eigentlich nicht sein. Und doch schloss Papa, mit sorgsamem Blick auf seine Tochter, nur zögernd die Beifahrertür. Sie wirkte so zerbrechlich auf ihn. Er war sich nicht sicher, ob er ihr gegenüber seine Zweifel aussprechen sollte. Sollte er losfahren? Sollte er etwas sagen? Und wenn ja, wie sollte er anfangen?

Ich hätte mir diesen Tag anders für mein kleines Mädchen gewünscht ...

Er braucht ja ewig, bis er eingestiegen ist!

Diese sinnlose Zeitverschwendung machte Anne wahnsinnig. Papa könnte sich ruhig beeilen!

Worauf wollte er denn noch warten? Ungeduldig sah sie zu, wie er ums Auto herumging. Anne wusste gar nicht, was sie fühlen sollte. Weder das schöne Wetter noch die bunten Blumen oder das Gezwitscher der Vögel nahm sie wahr. In ihrem Kopf ging es drunter und drüber. Abwesend starrte sie nach draußen und wich den Blicken ihres Vaters aus. Papa zögerte. Dieses Gesicht sollte keine Frau bei ihrer Hochzeit machen müssen. Wie sollte er seinem lieben kleinen Mädchen nur helfen? Er wusste keinen Rat. Seine Frau war mit Dirk vorausgefahren. Sie wollte Fotos machen, wenn sie im Auto vorfuhren.

Warum fährt er denn nicht endlich los?

Warum sieht er mich denn dauernd an?

FAHR DOCH ENDLICH!

Anne wich Papas Blick immer wieder aus, bis er dann doch endlich den ersten Gang einlegte und losfuhr.

„Anne …?"

Keine Antwort.

„Anne?"

Nichts.

„Anne … Kind … wenn du da nicht hinwillst, wenn du das nicht machen willst … du musst das nicht tun. Wir können auch einfach Gas geben und durchfahren."

Anne drehte den Kopf zu ihrem Vater hin, sah ihn mit wässrigen Augen an und wollte antworten … wollte rufen … wollte ihn inständig bitten … … *bitte! Fahr weiter! Fahr weiter, bitte … halt nicht an, bitte fahr weiter …* Doch da waren sie schon angekommen. Der Kirchturm erhob sich imposant vor ihnen. Alle Gäste standen bereits eng versammelt am Eingang zur Kirche und erwarteten die Ankunft der Braut. Anne hatte nicht den Mut, ihren Wunsch noch auszusprechen. Papa steuerte das Auto auf den Platz bis vor die Kirchentreppe. Die Gäste näherten sich freudig, um die Braut zu begrüßen. Wie festlich alle gekleidet waren! Anne war beeindruckt. Und das alles nur ihr zu Ehren! Wahnsinn! Mama schoss ein Foto nach dem anderen. Und während Papa noch ums Auto herumging, um seiner Tochter angemessen die Tür zu öffnen, drängelte sich seine Frau energisch vor und stieß ihn fast um. Anne war es sehr unangenehm mitanzusehen, wie herablassend ihre Mutter Papa in der Öffentlichkeit behandelte, doch in der ganzen Aufregung, die auf dem Platz herrschte, bekam das niemand mit. Mama riss die Autotür auf und während Anne umständlich ausstieg, prasselten unaufhaltsam Vorwürfe auf sie herab. Das Kleid sitze nicht richtig! Die Frisur würde nicht passen! Das Gesicht sei nicht dezent genug geschminkt! Dabei hatte sie doch nur Wimperntusche und Eyeliner aufgetragen! Was sollte das? Anne ärgerte sich maßlos über ihre Mutter, vor allem da diese selbst mehr als unpassend gekleidet war. Und ihr süßliches Parfum brachte Anne fast zum Erbrechen. Wie durch einen dichten Schleier ließ sie die verletzende Kritik über sich ergehen, doch innerlich kochte sie. Anne konnte es nicht mehr hören. Es war kaum zu ertragen. Und während ihre Mutter weiter an ihr herumnörgelte und herumzerrte, konnte sie sich nur schwer zurückhalten. Worte, die ihr schon lange auf der Zunge lagen, wollten endlich ausgesprochen werden. Böse, schlimme Worte. Doch eingeschüchtert vom Moment und der Aufmerksamkeit hielt sich Anne auch dieses Mal zurück und ließ Mamas Beleidigungen schweigend über sich ergehen.

„Das Dekolleté ist viel zu weit ausgeschnitten! Und der Rock … viel zu kurz! Du siehst aus wie ein billiges Flittchen! Was sollen denn da die Leute denken? Schämst du dich denn gar nicht? Und hier, diese Schinken! Also wirklich? Konntest du das nicht kaschieren? Schämen muss man sich mit dir!"

Anne wollte nur noch so schnell wie möglich in diese gottverdammte Kirche. Wollte alles so schnell wie möglich hinter sich bringen, um endlich frei zu sein. Sie konnte ihre Mutter einfach nicht mehr ertragen. Es war genug. Diese ständig nörgelnde Stimme um sie herum … egal was sie machte, es war immer falsch. Nach außen präsentierte sich Mama stets als perfekte Ehefrau und Mutter, doch zu Hause war sie komplett anders. Papa warf sie vor, krankhaft eifersüchtig zu sein, während Anne genötigt wurde, ihn anzulügen. Anne wusste, dass Mama nicht die Wahrheit sagte, wenn sie auf Feiern kurz verschwand oder erst spätabends nach Hause kam. Sie hatte dann den Auftrag, Papa zu erzählen, Mama sei nur mit Freundinnen etwas trinken gegangen. Für ihre Mutter waren das nur harmlose Notlügen. Nichts Schlimmes. Aber Anne sah das anders. Und wenn sie nicht gerade für Mama lügen musste, wurde sie von ihr beleidigt und beschimpft. Sie sei zu faul, zu dick, zu schlampig, zu was auch immer. Selbst am Tag ihrer Hochzeit nahm sie kein Blatt vor den Mund.

„Oder bist du vielleicht schwanger? Oh du kleines Luder! Wehe, wenn das stimmt! Wehe, wenn du dich schon vorher hast anbumsen lassen! Eine Schande wäre das für uns! Hörst du? Eine Schande!"

Anne biss sich auf die Lippen und eilte weiter. Sie würde Mama so gerne ihre Meinung sagen. Sie ihr ins Gesicht schreien. Aber man durfte das nicht.

Man durfte nicht die eigene Mutter anschreien. Man durfte sie nicht an den Haaren packen, sie nicht nach unten drücken, um sie genauso zu demütigen, wie sie es gerade tat. Man durfte sie nicht gehässig fragen, ob das schön sei. Ob ihr das gefalle. Ob sie wisse, wie sich das anfühle. Man! Durfte! Es! Einfach! Nicht! Schon gar nicht hier vor all den Leuten. Man durfte das nicht machen. Und außerdem hatte es ja auch niemand bemerkt. Anne schielte verstohlen in die Runde. Nein, niemand bekam diese Demütigung mit. Nur sie hatte es gehört. Es war egal. In einer knappen Stunde würde sie ihre Mutter für immer los sein. In einer Stunde würde sie Frau Anne Kobis heißen. Frau von Dieter Kobis. Sie würde mit dem Mann verheiratet sein, mit dem sie seit fast einem halben Jahr zusammen war. Mit dem Mann, der sie über ihren ersten großen Liebeskummer hinweggetröstet hatte. Der Mann, mit dem sie den Rest ihres Lebens verbringen würde. Der sie für immer lieben würde. Sich um sie kümmern würde. Der immer nett zu ihr sein würde. So wie Papa es war. Sie würden zusammen in einer eigenen Wohnung leben. Nur sie beide. Ohne nervende Mutter. Endlich frei. Endlich geliebt. Und dieser Gedanke gab ihr die Hoffnung und die Kraft, an Papas Seite zum Altar zu schreiten. Wie behütet sie sich an seiner

Seite doch fühlte! Dieses vertraute Gefühl weckte all die schönen Erinnerungen an ihre Kindheit und zauberte ihr heute zum ersten Mal ein Lächeln ins Gesicht. *Papas kleine Prinzessin.* So nannte er sie immer, wenn sie als Kind auf seinem Schoß saß und er mit der Hand liebevoll über ihre langen, seidigen Haare strich. Bei ihm durfte sie immer so sein, wie sie war. Er liebte sie ohne Wenn und Aber. Mit jeder Geste, jedem Wort und jedem Blick.

Die Orgel ertönte feierlich und alle Anwesenden, Familienangehörige und einige wenige Freunde, erhoben sich und blickten erwartungsvoll in Annes Richtung, während sie den Gang entlangschritt. In diesem Moment fühlte sie sich tatsächlich wie eine Prinzessin, deren gut aussehender Prinz vorne am Altar auf sie wartete. Und Dieter sah umwerfend aus. Das tat er immer, aber heute ganz besonders in dem schönen Hemd mit Fliege. Ab heute würde sie für immer geliebt werden. Als Dieter ihre Hand ergriff und sie leicht auf die Wange küsste, glaubte sie, im siebten Himmel zu sein. Den Blick, den er dabei Sophia, ihrer besten Freundin und Trauzeugin, zuwarf, übersah sie. Auch dem Pfarrer hörte sie nicht zu. Er predigte etwas von unbefleckter Liebe, vom Glauben, vom heiligen Sakrament der Ehe, von Pflichten und

Kinderscharen. Doch alles, woran Anne denken konnte, war die letzte Silvesterparty, als Jens mit ihr Schluss gemacht hatte und sie Dieter zum ersten Mal begegnet war. Es schien alles Ewigkeiten her zu sein … Anne war damals am Boden zerstört. Heulend stürzte sie zur Tür hinaus und landete dabei direkt in Dieters Armen. Er war groß. Gut aussehend. Stark. Und lächelte sie an. Sie, dieses verheulte, kleine Häufchen Elend. Tröstend hob er mit den Fingerspitzen ihr Kinn sanft an, sah ihr tief in die Augen und meinte charmant:

„He Kleines, warum so schnell? Ich bin doch gerade erst gekommen. Nichts kann so schlimm sein, dass du jetzt schon gehen musst."

Verschmitzt zwinkerte er Anne dabei zu, doch sie befreite sich aus dieser unerwarteten Umarmung und lief heulend und todunglücklich schnurstracks nach Hause. Ihre Welt war zusammengebrochen. Sie hatte niemanden mehr. Jens, ihr lieber, lieber Jens, hatte sie verlassen. Er war ein wirklich treuer, liebevoller Freund gewesen. Verzieh ihr sogar das mit Bernd. Tröstete sie, als Bernd nicht sie wollte, sondern lieber bei seiner Freundin Melanie blieb, die ausgerechnet auch noch das hübscheste Mädchen der ganzen Schule war. Jens teilte auch ihre Sorge, vielleicht schwanger zu sein. Wem hätte sie sich auch sonst anvertrauen sollen? Mama? Das hätte sie niemals gekonnt! Oder ihren Freundinnen? Nein, die konnten keine Geheimnisse für sich behalten. Es hätte sonst die ganze Schule gewusst, und das durfte nicht passieren. Das wäre zu demütigend gewesen. Also blieb nur Jens, denn mit Bernd konnte sie schließlich auch nicht darüber reden. Er durfte es erst recht nicht erfahren! Ach, Bernd … Sogar an ihrem Hochzeitstag sehnte sie sich nach ihm. Sie sehnte sich nach dieser prickelnden Leidenschaft und dem Bedürfnis, alles für ihn tun zu wollen und alles um sie herum vergessen zu können. Bei Bernd hatte sie sich ganz fallen lassen und zu jemand anderem werden können. Anne und Bernd hatten sich damals, nach der Nacht im Park, noch ein paarmal heimlich getroffen, bis er ihr unmissverständlich zu verstehen gab, lieber weiter mit Melanie zusammen sein zu wollen. Anne war am Boden zerstört und suchte schließlich Trost bei Jens. Und Jens, verliebt wie er war, nahm sie nur allzu gerne wieder zurück. Seine geliebte Anne! Sie war zu ihm zurückgekommen. Er versprach ihr hoch und heilig, immer für sie da zu sein. Sie immer lieb zu haben. Und dann … kam diese Silvesterparty. Bernd und Melanie stritten sich lautstark vor versammelter Menge. Anne blickte erwartungsvoll in Bernds Richtung. Als sie sich umdrehte, machte Jens mit ihr Schluss. Sagte, es sei aus. Dann drehte er sich um und ging. Ohne Erklärung. Jens hatte endlich verstanden, dass Anne ihn nie so lieben würde, wie er sie liebte. Und ging. Er verließ die Liebe seines Lebens und Anne blieb allein zurück. Reglos stand sie da, sah ihrem treuen Jens nach und fühlte sich, als hätte sie ihren besten Freund verloren. Dann drehte sie sich um und versuchte Bernds Blick zu erhaschen. In der Hoffnung, er würde sich endlich für sie entscheiden. Doch er tat so, als wäre sie Luft. Das war zu viel für Anne. Jede Hoffnung auf Liebe und Leidenschaft war binnen eines Augenblickes zerstört worden. Sie bahnte sich den Weg durch die Menge, und als sie zur Tür hinausstürmte, landete sie direkt in Dieters starken Armen. Und er fing sie auf. Dieses kleine Häufchen Elend mit verschmierter Wimperntusche im Gesicht, das sich an seiner Schulter ausweinte. Dieter hatte Mitleid mit ihr und wollte sie einfach nur wieder zum Lächeln bringen. Doch da hatte sie sich schon losgerissen und war weggelaufen. Wie Anne später erfuhr, erkundigte er sich drinnen nach ihrer Adresse. Etwas faszinierte ihn an Anne. Wenige Tage später stand er überraschend vor ihrer Haustür und lud sie auf ein verspätetes Neujahrsfrühstück ein. Seitdem waren sie und Dieter ein Paar. Von Bernd und ihrer ungezügelten Leidenschaft für ihn erzählte sie ihm lieber nichts.

Und als würden Annes sehnsüchtige Gedanken streng von oben getadelt, wandte sich der Pfarrer genau in diesem Moment an sie mit der Frage aller Fragen. Anne antwortete pflichtbewusst:

„Ja, ich will."

8
... alles nur Fassade

Anne streichelte gedankenverloren über ihren dicken Bauch. Heute war ihr letzter Arbeitstag. Bald war es so weit. Bald würde sie selbst Mutter werden. Das Gefühl ließ sich kaum beschreiben. Seit sie es zum ersten Mal auf dem Monitor beim Frauenarzt gesehen hatte, liebte sie dieses kleine Würmchen bedingungslos. Die Zweifel, von denen ihr Freundinnen berichtet hatten, waren Anne fremd. Ihre Schwangerschaft war geprägt von einer Mischung aus liebevoller Hingabe, freudiger Erwartung und purer Liebe, wie sie Anne noch nie zuvor empfunden hatte. Knapp zwei Jahre nach ihrer Hochzeit erfüllte sich Annes Wunsch, von dem sie nicht wusste, dass sie ihn in sich trug. Der Wunsch, selbst Mutter zu sein.

Am frühen Morgen kam eine Kundin zum Postschalter. Die ältere Dame trug ein relativ großes Paket unter dem Arm. Es war mit braunem Papier und einer roten Kordel umwickelt. Die Frau war sehr zierlich gebaut, klassisch elegant gekleidet und wirkte sehr vornehm. Anne erhob sich hilfsbereit von ihrem Platz, hielt der Dame die Tür auf und nahm das Paket entgegen. Ihr Babybauch störte sie dabei kein bisschen. Während sie routiniert alles Bürokratische erledigte, blieb die Kundin geduldig und mit leuchtenden Augen vor dem Postschalter stehen. Sie beobachtete jeden von Annes Handgriffen und trotz des freundlichen Blickes schien sie besorgt um den Inhalt zu sein. Anne zögerte nicht lange und klebte instinktiv ein Etikett mit der Aufschrift *zerbrechlich* darauf. Der Gesichtsausdruck der Frau entspannte sich sofort. Als Anne sie freundlich fragte, ob sie noch etwas für sie tun könne, nahm die Dame dies zum Anlass, offenherzig von ihrer Familie zu erzählen, die seit dem Krieg verstreut im ganzen Land lebte. Sie bedauerte sehr, dass der Kontakt mit der Zeit zu allen abgebrochen war.

„Jetzt gibt es nur noch meinen jüngeren Bruder und mich. Wir haben uns so lange nicht mehr gesehen. Ach, Kindchen, wir hatten uns immer so gut verstanden, wissen Sie …“,

verriet sie Anne im Vertrauen. Seine Adresse habe sie zufällig über die Stadtverwaltung ausfindig machen können und sie wolle ihm noch unbedingt ein paar der Sachen ihres verstorbenen

Vaters schicken, ehe es zu spät sei. Dabei deutete sie mit dem Finger in Richtung des Paketes. Es handle sich dabei um wertvolle Andenken der Familie und sie hätten einen hohen sentimentalen Wert für sie. Anne nickte und freute sich insgeheim über ihren guten Instinkt. Bereitwillig ließ sie die Kundin ihre lebhafte Geschichte zu Ende erzählen. Das strahlende Leuchten in den Augen der alten Dame löste in Anne eine leichte Traurigkeit aus. Die Geschichte ging ihr unerwartet nahe und an manchen Stellen der Erzählung spürte sie, wie ihr die Tränen in die Augen stiegen. Anne wollte sich nichts anmerken lassen und war sehr darauf bedacht, sie zu verbergen. Zu ihrem eigenen Bruder Dirk hatte sie nie ein Verhältnis aufbauen können. Mamas Liebling blieb ihr über all die Jahre fremd. Seit ihrer Hochzeit hatte sie ihn auch gar nicht mehr gesehen. Von Mama hatte sie erst neulich erfahren, dass Dirk sich fürs Psychologiestudium eingeschrieben hatte. Richtig stolz hatte sie von ihm geschwärmt. Dirk, der tolle Sohn mit der glanzvollen Zukunft. Anne war es leid geworden, in seinem Schatten zu stehen. Er interessierte sie nicht im Geringsten. Sie selbst hätte auch gerne an der Universität studiert, doch Mama meinte, das sei nichts für sie. Dafür müsse man viel fleißiger in der Schule sein und bessere Noten schreiben.

Auch Papa war dieser Meinung. Also hörte sie auf ihn und machte nach der weiterführenden Schule eine Ausbildung bei der Stadt. Als Bürogehilfin. Bei der Abschlussprüfung war sie eine der Besten und sie hätte sofort in einem Schreibsaal der Stadt anfangen können. Da würde man zusammen mit vielen anderen Frauen den ganzen Tag Texte tippen. Doch Anne konnte sich das absolut nicht vorstellen. Sie fand, etwas Langweiligeres könne es nicht geben. Schließlich fand sie auf eigene Faust diese Stelle bei der Post. Das gefiel ihr schon wesentlich besser. Am Postschalter war sie ständig in Kontakt mit Menschen, was ganz ihrer Art entsprach. Auch ihre Mutter war sehr erfreut, dass sie sich endlich ihren Kindheitstraum, Flugbegleiterin zu werden, aus dem Kopf geschlagen hatte. Schon als kleines Mädchen träumte Anne davon, die ganze Welt zu bereisen. Doch Mama hielt es für äußerst anstößig und unschicklich für ein junges Mädchen, so ganz allein in der Weltgeschichte herumzugondeln. Egal wie oft Anne Mama zu erklären versuchte, wie gerne sie diese Arbeit machen würde, wies sie ihren Standpunkt tadelnd ab:

„Das machen nur billige Flittchen aus schlechtem Haus. Das ist nichts für uns.“

Anne verstand damals noch nicht, wie Mama das meinte und warum sie nicht wollte, dass sie die

Welt sah und in den schönen Flugzeugen den Menschen Kaffee brachte. Mama servierte doch auch immer Kaffee, wenn sie Besuch hatten. Das war doch nichts Schlimmes, oder? Erst später verstand sie, wie ihre Mutter das meinte, und sie schämte sich, es überhaupt in Betracht gezogen zu haben. Doch die Arbeit bei der Post entsprach Mamas Vorstellungen und sie meinte einmal beiläufig, dass Anne nun viel reifer und vernünftiger sei als früher. Das war eines der spärlichen Komplimente, die Anne je von ihrer Mutter bekommen hatte. Auch wenn sie sich nicht darüber freuen konnte. Lob und Liebe waren einzig ihrem jüngeren Bruder Dirk vorbehalten gewesen. Umso mehr beeindruckte es sie, wie herzlich die alte Dame von ihrem Bruder erzählte. Anne hörte aufmerksam hin. Ihre Natürlichkeit veranlasste die Menschen, sich ihr gegenüber vertrauensvoll zu öffnen, und schon so manche bewegende Lebensgeschichte hatte sie auf diese Weise erfahren dürfen. Manchmal schütteten die Kunden hier am Postschalter Anne ihr ganzes Herz aus. Sie freute sich jedes Mal über das Vertrauen, das ihr dabei entgegengebracht wurde. Ihre Arbeitskolleginnen hingegen lästerten oft darüber oder machten sich lustig. Sie fanden die Geschichten einfach nur langweilig. Oder unangebracht. Für Anne waren es jedoch sehr wertvolle Gespräche. Die kleinen Ausschnitte und Episoden aus dem Leben anderer faszinierten sie. Jede einzelne Geschichte empfand Anne als Geschenk, das sie mit nach Hause nehmen durfte. Ihre sanftmütige Art wurde von den Kunden sehr geschätzt und manche tätschelten ihr zum Abschied wohlwollend die Hand. So auch die Kundin, als sie sich verabschiedete.

„Kindchen, Sie sind noch so jung! Die Welt steht Ihnen offen. Genießen Sie das Leben mehr, als ich es je konnte. Die Zeit vergeht so schnell …"

Anne war sehr gerührt und eine kleine Träne schlich sich in ihr Lächeln, mit dem sie ihrer Kundin einen wundervollen Tag wünschte. Das war eine dieser Begegnungen, die Anne tief im Herzen erfüllten, und sie erhielt dadurch in gewisser Weise die Anerkennung, die sie bei Mama immer vermisst hatte. Hier, hinter dem Postschalter, fühlte sich Anne am richtigen Ort. Es war zwar kein Flugzeug und sie bereiste auch nicht die große Welt, aber es machte sie glücklich, jeden Morgen zur Arbeit zu gehen. Doch heute war ihr letzter Tag. Sie würde nach dem Mutterschaftsurlaub nicht mehr so schnell zurückkehren. Mit Dieter zusammen würde sie in ihrer alten Schule die Hausmeistertätigkeit übernehmen. Papa war schon länger etwas kränklich und hatte daher früher in Rente gehen dürfen. Irgendetwas stimmte mit seiner Lunge nicht. Das hing wohl mit seiner früheren Arbeit auf den Baustellen zusammen. Die Ärzte waren ratlos und konnten keine richtige Diagnose stellen. Aber Papa ließ sich nichts anmerken, und auch wenn er Schmerzen hatte, arbeitete er tapfer weiter, ohne sich zu beschweren. Auch nach dem Renteneintritt. Sei es zu Hause, im Schrebergarten oder bei Freunden, Papa hielt überall alles in Schuss. Er reparierte Stühle, wenn sie wackelten, schliff Tischplatten ab und lackierte sie neu, wenn sie abgenutzt waren, oder tauschte bei alten Damen in der Nachbarschaft die Glühbirnen aus. Das war ihr Papa! Immer hilfsbereit und zuvorkommend. Er verlangte dafür auch nie etwas als Gegenleistung. Am liebsten kümmerte er sich um den alten Birnbaum im Schrebergarten. Ihrer Mutter gefiel das alles gar nicht, doch außerhalb der Wohnung ließ sich Papa nicht so einfach dreinreden. Dafür liebte Anne ihn umso mehr. Sie war ihm unendlich dankbar für alles, was er machte, und besonders dafür, dass er seine guten Beziehungen beim Schulamt hatte spielen lassen und ihnen die Stelle als Hausmeisterehepaar bei der Schule vermittelte. Und so bekam das junge Ehepaar einen angemessenen und soliden Job. Dazu gab es für wenig Geld die Hausmeisterwohnung obendrauf.

Sie war zwar nicht groß, aber für den Anfang mit nur einem Kind reichte es aus. Für Dieter und Anne war das eine große Erleichterung, da sie sich ihre momentane Mietwohnung etwas außerhalb der Stadt ohne Annes Einkommen nicht mehr hätten leisten können. Dieter hatte auf das Drängen seiner und ihrer Eltern hin seinen gutbezahlten Job auf der Baustelle gekündigt, um mehr Zeit für die Familie zu haben und sich ganz der Rolle des guten Familienvaters und Versorgers widmen zu können. Alle Eltern waren sehr zufrieden damit, wie sich ihre Kinder entwickelten. Dieter und Anne waren in ihren Augen nun ein gesellschaftlich anerkanntes junges Ehepaar. So wie es sich gehörte.

Anne wusste, dass das, worauf die Eltern so ungemein stolz waren, eigentlich nur Fassade war. Sie beide waren nicht anders als andere junge Erwachsene von damals. Verheiratet oder nicht. Sie feierten ebenso gerne und ausgiebig wie alle anderen in ihrem Alter. Zusammen mit ihrer besten Freundin Sophia und ihrem Freund Werner fuhren sie viel auf Straßenfeste in der Gegend, gingen in Kneipen, zum Tanzen oder grillten einfach zu Hause im Garten und tranken Bier. Manchmal kam die ganze Nachbarschaft vorbei. Jeder brachte etwas mit. Salate, Bier, Würstchen. Das Leben war herrlich leicht und unbeschwert. In dieser ersten

Zeit ihrer Ehe fühlte Anne sich wirklich frei und unabhängig. Ein Gefühl, das sie bis dahin nicht gekannt hatte. Sie genoss es, endlich ihr eigenes junges Leben so gestalten zu können, wie sie es für richtig hielt. Fernab der Kontrolle ihrer ach so bevormundenden Mutter. Die kleine Gruppe war zu einem engen Freundeskreis zusammengewachsen, der bunter nicht sein konnte. Es wurde viel gemeinsam unternommen und oft sehr ausgelassen gefeiert. Und zum Feiern gehörte auch dazu, viel zu trinken. Als Sophia mit Werner damals in die Nachbarschaft zog, wurde für Anne das Leben perfekt. Fast. Denn zwischen Dieter und Sophia baute sich eine gewisse Spannung auf. Es knisterte gehörig. Und es blieb nicht unbemerkt. Anne spürte das natürlich sofort und auch Werner reagierte sehr eifersüchtig darauf. Anne sah darüber hinweg, denn Mama hatte ihr oft nahegelegt, Männern ihre Freiheiten zu lassen. Dieser ungebetene Rat hatte sich leider in ihrem Unterbewusstsein eingenistet. Werner hatte da schon mehr damit zu kämpfen. Entweder schwieg er trotzig und spielte den Beleidigten oder er vermieste allen die Stimmung mit bissigen Bemerkungen. Dieter und Sophia trieben es dann absichtlich auf die Palme und machten sich über ihn lustig. Einmal stürmte Werner daraufhin wutentbrannt aus dem Wohnzimmer. Er knallte die Tür so fest hinter sich zu, dass die Bücher im Regal daneben umfielen. Der Zorn war ihm ins Gesicht geschrieben. Kurze Zeit später kam er allerdings wieder, setzte sich aufs Sofa und trank schweigend ein Bier nach dem anderen. Das war seine Art, damit umzugehen. Es gab aber einen anderen Vorfall, bei dem er zu weit ging. Werner zog Sophia grob am Arm hoch, beschimpfte sie und hob drohend die Faust. Er zerrte sie gegen ihren Willen aus dem Haus und Anne wurde in diesem Moment richtig mulmig zumute. Sie fühlte sich bedroht und sorgte sich sehr um ihre Freundin. Während Dieter Werner noch amüsiert hinterherrief, er solle doch wenigstens die Sophia hierlassen, wenn er schon gehen wolle, sah Anne den beiden kreidebleich hinterher. Werner war kurz davor, zu explodieren. Sie erschrak, als ihr klar wurde, wie sehr er unter dieser Situation und seinem Zorn litt. Später wollte Anne mit Dieter darüber reden, doch der meinte, es seien nur harmlose Witzeleien zwischen den beiden gewesen. Nichts weiter. Solche Dinge würden halt passieren, wenn getrunken werde. Mehr hatte er nicht zu sagen. Dass Dieter sie nicht ernst nahm, schmerzte Anne. Aber von ihrer Mutter wusste sie, wie Männer waren. Kurz vor ihrer Hochzeit hatte Mama sie nämlich beiseitegenommen und ihr erklärt:

„Ob man will oder nicht – ein Mann verlässt sei-
ne Frau, wenn sie ihre Pflicht nicht erfüllt oder
sich gegen ihn stellt. Das wäre dann ganz alleine
die Schuld der Frau. Stell dir mal vor, Anne, wel-
che Schande das für dich wäre! Wie willst du denn
dann je wieder einen Mann finden?"

Anne schluckte hart bei diesen Worten und
wusste nichts darauf zu erwidern. Ihre Mutter kniff
ihr dabei wie einem ungezogenen Kind in die
Wange und fügte noch spitz hinzu:

„Anne, du willst doch eine brave und gute Ehe-
frau sein, oder? Dann merk dir meinen Rat!"

Und leider brannte sich dieser Rat tief in Annes
Unterbewusstsein, so dass sie ihn nicht so schnell
wieder loswurde.

9
... junges Familienglück

All diese Erinnerungen und Gedanken an ihre Mutter und an ihren vielleicht untreuen Ehemann waren wie weggeblasen, sobald sie an das kleine Wesen in ihrem Bauch dachte. Gedankenverloren streichelte sie darüber und malte sich liebevoll aus, welche fürsorgliche Mutter sie für das Kind sein wollte. Jedes einzelne Mal, wenn eines der kleinen Füßchen ihr unsanft in die Rippen trat, wusste sie es einfach. Sie würde ganz für dieses Kind da sein, es lieben und beschützen, egal was passieren würde. Anne wäre dem Kind auch alleine eine gute Mutter, wenn es darauf ankäme. Auch ohne Ehemann, dachte sie heimlich, und ihr Herz öffnete sich dabei.

Wenn mich schon niemand liebt, dann mache ich mir halt ein Menschlein, das mich liebt.

Diesen so liebevollen wie traurigen Gedanken behielt Anne für sich. Es hätte ihn vielleicht niemand verstanden. Und als es dann so weit war, die Fruchtblase platzte, die Wehen einsetzten, Anne im kalten Kreißsaal alleine ihre Schmerzen aushielt und kurz darauf ihr Kind zum ersten Mal im Arm hielt, war ihre kleine Welt perfekt. Anne war nun nicht mehr alleine. Nun gab es einen Menschen, den sie immer lieben würde. Als sie wenig später im Zimmer ihren kleinen Jungen stillte, ihren Patrick, da war Dieter da. Er hielt Annes Hand und seine Augen strahlten voller Stolz. Anne konnte ihr Glück kaum fassen. Sie war überwältigt. Endlich bekam sie, wonach sie sich so lange gesehnt hatte. Liebe. Dieter beugte sich zu seiner erschöpften Frau hinunter. Er küsste sie sanft auf die Wange und streichelte dabei zärtlich über das kleine Köpfchen seines Sohnes. Gemeinsam sahen sie schweigend dabei zu, wie Patrick friedlich in ihren Armen einschlief. Kurz bevor Anne an Dieters Schulter gelehnt müde die Augen schloss, hatte sie noch diesen einen, glückseligen Gedanken:

Alles ist … perfekt!

Dieter hatte seine Frau am frühen Morgen mürrisch ins Krankenhaus gefahren. Den Abend zuvor hatte er lange mit Kumpels in der Kneipe verbracht und mehr getrunken, als er hätte sollen. Dass er dann so früh aufstehen musste, war ihm mehr als zuwider. Im Krankenhaus angekommen, war es ihm ganz recht, dass er nicht mit in den

Kreißsaal durfte. Also wartete er unten im Café beim Eingang und trank einen doppelten Espresso, um wieder einigermaßen nüchtern zu werden. Dann aß er noch ein Brötchen und blätterte gut gelaunt in der Tageszeitung von gestern, bevor er sich auf den Weg zu seiner Frau machte. An der Kasse flirtete er unbeschwert mit der hübschen Kellnerin und überlegte kurz, ob er sie nach ihrer Telefonnummer fragen sollte, doch irgendwie fühlte es sich nicht richtig an. Also ließ er es bleiben. Auf der Entbindungsstation angekommen, hatte er sich gerade auf den freien Stuhl im Zimmer seiner Frau gesetzt, eine Broschüre für junge Eltern in die Hand genommen und angefangen darin zu lesen, als Anne hereingeschoben wurde. Sofort stand er auf. Ein Sohn! Dieter war überglücklich. In diesem Moment liebte er seine Frau.

Das junge Glück währte nicht lange. So liebevoll sich Dieter im Krankenhaus um Patrick und Anne gekümmert hatte, so schnell fiel er zu Hause wieder in seine alten Muster zurück. Dieter war ungeduldig, arrogant und ständig gereizt. Das andauernde Geschrei von Patrick ging ihm immens auf die Nerven. Er beschwerte sich, dass Anne keine Zeit mehr für ihn oder die Hausarbeit fand, die Wäsche nicht gemacht war und nie genügend Bier im Kühlschrank stand. Dieter war es nun einmal gewohnt, von Anne bemuttert zu werden. Er stand gerne im Mittelpunkt, ließ sich bekochen und verwöhnen. Und jetzt? Nun war Patrick der Mittelpunkt ihres Lebens und sein Geschrei brachte ihn zur Weißglut. Gereizt verließ er die Wohnung, um sich in der Kneipe mit Freunden zu treffen. Wenn er dann betrunken nach Hause kam, nahm Dieter den Kleinen aus dem Bettchen, um ihm Blödsinn und Schimpfwörter beizubringen. Anne war das gar nicht recht. Es war Dieter egal, wie lange sie gebraucht hatte, um Patrick zum Einschlafen zu bringen. Wenn Anne etwas entgegnen wollte, zitierte er stolz die Worte ihrer Mutter:

„Es ist so wichtig, die Kinder so oft wie möglich in den Arm zu nehmen, damit sie sich geliebt fühlen."

Dieter besaß nicht das Feingefühl, um zu erkennen, wie hart Anne diese Worte trafen und wie schwierig die Beziehung zwischen seiner Frau und ihrer Mutter war. Erst vor wenigen Tagen waren Annes Eltern unangekündigt zum Essen erschienen und hatten Kartoffelpüree mit Frikadellen und Rotkohl mitgebracht. Anne stand gerade am Herd und bereitete das Mittagessen vor, als es an der Tür klingelte. Mit Patrick im Arm, zerzaustem Haar und dreckiger Schürze begrüßte sie müde ihre Eltern. Während Papa Patrick zur Begrüßung auf die Nasenspitze tippte, musterte ihre Mutter sie abfällig. Als sie dann Dieter im Wohnzimmer erblickte, schob sie sich penetrant an Anne vorbei in die Wohnung, begrüßte ihn überschwänglich mit Küsschen links und Küsschen rechts und meinte:

„Damit mein lieber Schwiegersohn auch mal etwas Anständiges zu essen bekommt."

Annes Kehle war wie zugeschnürt. Sie glaubte, ihr Herz würde aussetzen und sie ohnmächtig umfallen. Als so erniedrigend und beschämend empfand sie diesen Augenblick. Wie unangemessen sich ihre Mutter verhielt. Doch sie war zu erschöpft, um etwas darauf zu erwidern. Patrick hatte sie die ganze Nacht wachgehalten. Liebevoll begrüßte sie ihren Papa, der ihr aufmunternd über die Wange streichelte. Auch sein Lieblingsenkel bekam noch ein Küsschen, bevor er sich an den Küchentisch setzte und die mitgebrachte Zeitung las. Annes Mutter machte sich unterdessen in der Küche breit und kommandierte Anne streng herum.

„Anne, hol doch mal …"

„Wo sind die Schüsseln? Herrgott, ist das eine Unordnung hier! Also wirklich!"

„Kein Wunder, dass du hier nichts Anständiges kochen kannst."

Anne reichte ihrer Mutter alles, was sie brauchte, während sie zusah, wie ihre Nudelsuppe mit Würstchen achtlos in die Spüle gekippt wurde. *„Das ist doch kein Essen für einen Sonntag."* Als Anne den leeren Topf in die Hand gedrückt bekam, wurde sie von ihrer Mutter argwöhnisch beäugt. *„Macht man sich so an einem Sonntag zurecht? Zieh dich doch mal ein bisschen netter an. Was soll denn dein Mann von dir denken?"* Da war es zu viel für Anne. In diesem Moment platzte ihr zum ersten Mal in ihrem Leben so richtig der Kragen. Mit zusammengebissenen Zähnen drückte sie Papa wortlos seinen Enkel in den Arm, feuerte den Topf zurück ins Spülbecken und verließ innerlich kochend die Küche. Ihre Mutter sah ihr mit großen, verständnislosen Augen kopfschüttelnd hinterher. Zu Dieter meinte sie beiläufig, er möge doch Nachsicht haben, sie habe es versäumt, Anne die Grundlagen einer guten Ehe nahezubringen. Mit einem kurzen, anzüglichen Zwinkern schloss sie diesen Satz. Zum Glück hatte das niemand außer Dieter mitbekommen.

Anne kehrte schuldbewusst wenig später an den Küchentisch zurück. Mama hatte in der Zwischenzeit Patrick an sich genommen und ihren Mann angewiesen, den Tisch zu decken und ihr mitgebrachtes Essen auf den Herd zu stellen, um es warm zu halten. Schweigend suchte Anne Schutz neben ihrem Papa, der gerade dabei war, die Teller auf den Tisch zu stellen. Er kannte seine Tochter gut und drückte ihr aufmunternd und lange die Hand. Anne schloss für einen kurzen Moment die Augen und genoss diese kleine, stille Geste. Sie liebte ihren Papa über alles. Ohne große Worte gab er ihr stets den Halt, den sie brauchte. Papa bedauerte sehr, dass er nicht mehr für sein kleines Mädchen tun konnte. Er konnte sie nicht wie früher in den Arm nehmen, ihr die Tränen wegwischen oder einen kleinen Spaziergang mit ihr machen. Sie war jetzt verheiratet und selbst Mutter. Sie lebte nun ihr eigenes Leben und musste ihren Weg finden. Er hätte sich nur gewünscht, sie hätte es leichter.

Später durfte Anne noch eine lange Moralpredigt ihrer Mutter über sich ergehen lassen, wie sich eine gute Hausfrau zu verhalten habe, wenn Gäste zu Besuch kämen. Anne hörte kaum zu und verkniff sich den Kommentar, dass sie ja gar nicht eingeladen gewesen waren. Insgeheim wünschte sie sich wieder zurück ins Krankenzimmer, wo es nur Patrick, Dieter und sie gegeben hatte. Sonst niemanden. Anne wünschte sich diesen einen Moment zurück, als sie sich zum ersten Mal als

Familie gefühlt und zusammen mit ihrem Mann überglücklich ihren Sohn in den Armen gehalten hatte. Dieses Gefühl empfand Anne inzwischen nur noch, wenn sie mit Patrick alleine war. Sie liebte den kleinen Kerl über alles, und wenn er seine Weinkrämpfe hatte, kam er nur bei ihr zur Ruhe. Dieter hatte keine Geduld dafür und war nicht bereit, ihre gut gemeinten Ratschläge anzunehmen. Patrick mochte es zum Beispiel sehr gerne, wenn man ihn mit dem Bauch an die nackte Brust hielt. Eingehüllt in die kuschelige hellblaue Decke, die Sophia ihnen zur Geburt geschenkt hatte, schlief er dann sofort ein. Dieter mochte das aus irgendeinem Grund nicht machen. Einmal witzelten sie abends herum und Anne wollte ihm den Pullover über den Kopf ziehen, um ihm besser zeigen zu können, wie er seinen Sohn halten könne. Dieter reagierte unverhältnismäßig heftig darauf. Grob schlug er Annes Hand weg, so dass sie das Gleichgewicht verlor und hart gegen die Kommode prallte. Wütend verließ er daraufhin das Zimmer. Anne konnte ihm nur sprachlos hinterherstarren, während sie sich die Hüfte rieb.

Woher hatte er denn diese daumengroßen Flecken neben der Brust?

Sie wusste, wie gerne Dieter es hatte, dort geküsst zu werden. Da sie sich aber nicht traute nachzufragen, ließ sie es auf sich beruhen. Sie wollte sich nicht streiten. Also kümmerte sie sich lieber weiter um Patrick, der immer noch lauthals brüllte. Eingehüllt in Sophias kuscheliger Decke schliefen beide bald ein. Im Halbschlaf hörte Anne noch, wie Dieter das Haus verließ.

Wollte er noch irgendwohin?

Ein gutes Jahr später kam ihr zweites Kind auf die Welt. An einem Freitagabend platzte Annes Fruchtblase und die Wehen setzten ein. Dieter war nicht da. Er hätte eigentlich schon lange zu Hause sein sollen. Da rief Anne in der Kneipe um die Ecke an, in der sich Dieter immer mit seinen Freunden traf. Gereizt und betrunken kam er nach Hause. Er warf ihr vor, ihm nachzuspionieren, und meinte, sie hätte doch auch ein Taxi rufen können. Umständlich half er ihr mit der Tasche, setzte Patrick auf die Rückbank und fuhr sie rasant ins Krankenhaus. Dort kümmerte er sich nur halbherzig um seine Frau. Als Anne von den Krankenschwestern ins Zimmer begleitet wurde, war er schon auf dem Weg nach draußen. Patrick saß weinend auf der Rückbank, als er ins Auto stieg. Ohne ihn anzusehen, fuhr Dieter los.

Die Geburt dauerte sehr viel länger als beim ersten Mal. Alles war sehr viel anstrengender. Nach langen elf Stunden voller Schmerzen und entsetzlicher Angst, es nicht zu schaffen, hatte sie es dann endlich überstanden. Die Hebamme legte Anne ihren Sohn in den Arm und alles war vergessen. Die Schmerzen. Die Angst. Es war wieder Liebe auf den ersten Blick. Am Ende ihrer Kräfte wurde sie zurück in ein leeres Zimmer geschoben. Dieter war nicht da. Niemand wartete auf sie. Anne war allein. Draußen war es dunkel. Auf dem Flur herrschte Stille. Angespannt war ihr Blick in Richtung Tür gerichtet, stets in der Hoffnung, dass ihr Mann gleich hereinkommen würde. Nach etwa einer halben Stunde schlief Anne traurig ein. Eine Träne landete auf dem weichen Kissen. Früh am nächsten Morgen, es war gerade erst hell geworden, wurde Anne von einer Krankenschwester geweckt. Sie brachte ihr ihren Sohn zum Stillen vorbei. Anne war ausgeschlafen und nahm ihn freudig entgegen. Er roch so unglaublich gut. So, wie nur Babys riechen können. Derrick sollte er heißen, hatte Dieter beschlossen. Während sie ihn liebevoll stillte, schielte Anne immer wieder zur Tür hin. Doch keine Spur von ihrem Mann.

Wo ist er nur?

Erst am Nachmittag des darauffolgenden Tages, es war Sonntag, kam Dieter mit Patrick zu Besuch. Anne war in großer Sorge gewesen, denn sie hatte Dieter nirgends erreicht. Weder zu Hause noch in der Kneipe. Und bei seinen oder ihren Eltern nachzufragen, hatte sie nicht den Mut gehabt. Mama hätte ihr mit Sicherheit nur Vorhaltungen gemacht. Erleichtert nahm sie ihren Patrick in den Arm, als er aufgeregt auf sie zu gerannt kam. Er hatte ein paar selbst gepflückte Blumen in der Hand. Anne freute sich riesig darüber. Sie küsste ihn liebevoll auf die Wange, drückte ihn fest an sich und bedankte sich immer wieder für das so liebe Geschenk. Dass Patrick immer noch die gleichen Kleider anhatte, fiel ihr sofort auf. Es war auch höchste Zeit, die Windel zu wechseln. Dieter stand schweigend daneben und wich Annes Blicken aus. Er fragte nur kurz, ob alles gut gegangen und was es geworden sei, Mädchen oder Junge, dann drehte er sich um und ging zur Neugeborenenstation. Er verlor kein Wort darüber, wo er die ganze Zeit über gewesen war. Anne traute sich nicht zu fragen. Es käme nur zu einem Streit und dazu fehlte ihr hier und jetzt eindeutig die Kraft. Sie wollte auch dieses erfüllende, tiefe Gefühl des Glücks und der Liebe nicht zerstören. Also beließ sie es dabei und kümmerte sich um Patricks geröteten Hintern. Als Dieter wieder zurückkam, fragte Anne ihn nur vorsichtig, ob denn alles in Ordnung sei. Er nuschelte etwas vor sich hin, nahm Patrick bei der Hand, drehte sich um und verabschiedete sich wortkarg. Anne bat den Arzt, sie bald zu entlassen, und schon am Tag darauf nahm sie sich ein Taxi nach Hause. Sie hatte große Sorgen, dass Dieter sich nicht richtig um Patrick kümmern würde.

Zu Hause blieb die Spannung zwischen Dieter und Anne weiterhin geladen. Dieter ließ sie mit den beiden Jungs und dem Haushalt komplett alleine. Dazu gesellten sich noch ziemliche Geldsorgen. Es reichte hinten und vorne nicht. Rechnungen stapelten sich, die Miete war seit Monaten fällig und das Haushaltsgeld reichte gerade einmal bis über die Monatsmitte. Dieter wünschte sich in seine alte Stelle auf dem Bau zurück. Damals hatte er wesentlich mehr verdient und musste auf nichts verzichten. Aber nun, mit dem mickrigen Hausmeistergehalt, dazu noch Frau und Kinder, sah die Sache ganz anders aus. Das Schlimme an der Situation war, dass Dieter Anne an allem die Schuld gab. Er warf ihr vor, sie würde zu viel einkaufen und sein ganzes Geld verschwenden. Das stimmte natürlich nicht. Anne beschränkte sich bei den Ausgaben für den Haushalt doch wirklich nur auf das Nötigste. Wenn sie sich zwischendurch etwas gönnen wollte, Kaffee und Kuchen mit Sophia oder einen Besuch im Zoo mit den Jungs, dann nahm sie ihr Erspartes von dem Job bei der Post.

Sie hielt es für besser, Dieter nichts von dem bisschen Geld zu sagen. Er hätte es nur für sich beansprucht und wer weiß wofür ausgegeben. Sie bat auch Sophia, ihm nichts davon zu erzählen, doch irgendwann bekam er doch Wind davon und war stinksauer. Er müsste doch merken, dass sie alles nur zum Wohl der Familie tat? Doch Dieter blieb uneinsichtig. Er vernachlässigte weiter seine Aufgaben, trank viel zu viel und war eigentlich nie zu Hause. Und wenn doch, dann beschwerte er sich nur. Die Jungs würden zu oft weinen, Anne habe keine Zeit für ihn und die Arbeit als Hausmeister sei ihm zu langweilig. Er war leider auch nicht so geschickt wie Papa. Papa konnte alles reparieren. Anfangs hatte er noch versucht, Dieter etwas beizubringen, gab es allerdings schnell auf. Es hatte wenig Sinn, jemanden etwas zeigen zu wollen, der nicht lernen wollte. Auch Anne musste mit der Zeit einsehen, dass es besser war, sich komplett aus allem rauszuhalten. Ihre Hilfsbereitschaft wurde sowieso nur missverstanden und es wurde unnötig Öl ins Feuer gegossen. Wozu Dieter fähig sein konnte, wenn er in Rage geriet, wollte sich Anne nicht vorstellen. Sie redete sich ein, es würde alles so werden wie früher, wenn die Jungs erst größer sein würden, sie wieder zur Arbeit gehen und dadurch finanziell mehr beitragen könnte.

Momentan hat Dieter einfach eine schwierige Zeit. Bald wird es wieder so sein wie früher ...

Ganz sicher.

10
... Tanz in den Mai

Anne hatte gute Laune. Es war Frühling und die Sonne schien angenehm warm. Sie war gerade dabei, sich schick zu machen, und summte fröhlich vor sich hin. Ihre Eltern hatten vor einer knappen Stunde Patrick und Derrick abgeholt. Es war das erste Mal, dass sie bei ihren Großeltern übernachten durften. Anne und Dieter wollten nämlich zum *Tanz in den Mai*. Das war ein beliebtes Tanzfest in der Nachbarschaft, wo niemand fehlen durfte. Anne freute sich sehr darauf. Ihre Ehe mit Dieter hatte sich in letzter Zeit wirklich verbessert. Man könnte fast sagen, es lief richtig gut zwischen ihnen. Dieter war wieder zurück auf der Baustelle und konnte eine Arbeit machen, die ihm gefiel und wo er gut Geld verdiente. Die Jungs waren mittlerweile auch größer, weinten nicht mehr so viel und beschäftigten sich schon mal alleine. Die kleine Hausmeisterwohnung hatten sie inzwischen aufgegeben und stattdessen eine größere

Wohnung am Stadtrand gemietet. Anne arbeitete wieder Teilzeit bei der Post, was alles sehr viel einfacher machte. Ihre Geldsorgen waren nicht mehr so erdrückend und die Tatsache, dass Dieter unter der Woche auf Montage war und erst am Wochenende nach Hause kam, gab ihrer Beziehung neuen Schwung. Er sollte auch jeden Moment zur Tür hereinkommen. Inzwischen hatte sich Anne für ihr schönes Sommerkleid entschieden, das mit den kleinen roten Blümchen und dem großen Ausschnitt, der ihren Busen so gut zur Geltung brachte. Dieter gefiel dieses Kleid auch am besten und wer weiß, vielleicht würde er es ihr auch nochmal ausziehen, bevor sie gemeinsam zum Fest gingen. Anne wurde ganz kribbelig bei dem Gedanken. Wie hatte sie die innigen Stunden mit ihrem Mann vermisst! Irgendwie müsste sie Sophia sogar dankbar sein, auch wenn ihre Freundschaft durch den Seitensprung ihres Mannes zerbrochen war. Es hatte ja, seit sie sich kannten, zwischen Dieter und Sophia ganz gehörig geknistert. Dieter hatte zwar immer wieder beteuert, dass zwischen ihm und Sophia nichts laufen würde, doch ganz hatte Anne ihm das nie wirklich geglaubt.

Es geschah kurz nach dem Umzug in die neue Wohnung. Sophia kam öfters bei ihnen vorbei, um dabei zu helfen, die Wohnung schön herzurichten. Anne war froh, dass sie Gesellschaft hatte und nicht neben dem Haushalt auch noch beim Umzug alles alleine machen musste. Sie merkte natürlich, dass etwas anders war als sonst, ging aber davon aus, es sei wegen der neuen, schönen Wohnung, auf die Sophia neidisch war. Sie und Werner wohnten nämlich immer noch in ihrer schäbigen Wohnung von damals und ja, zugegeben, Anne genoss es, einmal selbst im Mittelpunkt zu stehen. Sophia war immer die Hübschere von ihnen beiden gewesen, die Schlankere und die mit den schöneren Klamotten. Nun hatte Anne etwas, was Sophia nicht hatte. Und das gefiel ihr ausgesprochen gut. Auch wenn sie es insgeheim blöd fand, so zu denken. Seit Anne das erste Mal ihren Fuß in die Wohnung gesetzt hatte, liebte sie ihr neues Zuhause. Es war eine schöne, helle Wohnung und ideal für einen Neuanfang, den sie und Dieter dringend nötig hatten. Anne malte sich ihr Leben aus, wie es in Zukunft aussehen würde. Wie die Jungs heranwachsen würden, wie sie in die Schule kämen, wie sie und Dieter im Sommer draußen mit Freunden grillen und gemeinsam alt werden würden. Vielleicht auch noch mit einem dritten Kind … wer weiß. Alles schien wieder offen zu sein und Anne freute sich über diesen Neubeginn.

Und während sie Sophia von ihren Träumen vorschwärmte, führte sie sie stolz von Raum zu Raum. Das Wohnzimmer war groß und hell. Es hatte einen wunderschönen Fußboden aus Holz und zwei große Fenster, von denen aus man in den Garten sehen konnte. Das Bad war modern eingerichtet mit schönen weißen Möbeln und glänzte aus allen Ecken und Enden. Die Jungs teilten sich ein gemeinsames Zimmer im oberen Stockwerk. Das Elternschlafzimmer war genau daneben. Es war ebenfalls schick und geschmackvoll eingerichtet. Anne hatte es mit vielen schönen Kissen dekoriert. Vom Fenster aus hatte man ebenfalls einen wunderbaren Blick auf den Garten. Sophia bewunderte vor allem das Bett aus Massivholz. Die Küche war kurz vorher renoviert worden, was sie sich ohne die finanzielle Unterstützung ihres Vaters nicht hätten leisten können.

Mein lieber Papa! Er kümmert sich immer noch so gut um mich!

Anne fühlte sich nun endlich angekommen im Leben und plauderte sorglos mit ihrer besten Freundin über Einrichtungen, Dekorationen, Vorhänge und wie sie die Küche organisieren wollte. Wie sich Freundinnen eben unterhalten. Sophia war wirklich eine große Hilfe und Anne genoss die Zeit mit ihr sehr. Sie fragte auch oft nach Dieter, wie es ihm ginge, wie lange er weg sein und wann er wieder nach Hause kommen würde. Als alles an seinem Platz stand, beschlossen die. beiden Frauen, sich von nun an wieder öfters zu treffen. Doch irgendwie kam es dann nie dazu. Entweder hatte Sophia keine Zeit oder Dieter wollte nicht. Deshalb freute sich Anne umso mehr, als ihre beste Freundin eines Tages unangekündigt bei ihr hereinschneite. Sie hatte in einer Dose frisch gebackene Muffins dabei und Anne holte zur Feier des Tages das gute Geschirr aus der Vitrine. Sophia nahm wie gewohnt auf der Bank hinter dem Tisch Platz. Anne bemerkte, dass etwas nicht stimmte. Normalerweise zappelte ihre selbstbewusste Freundin nicht so nervös herum. Sie hatte so eine Vermutung und war eigentlich darauf gefasst, Sophia würde ihr gleich mitteilen, sie sei schwanger. Oh, das wäre schön! Dann könnten ihre Kinder zusammen spielen und gemeinsam aufwachsen. Oder sie und Werner würden ins Ausland ziehen. Davon träumten die beiden schon länger und Anne legte sich im Kopf schon Argumente parat, es ihr auszureden, denn sie wollte ihre beste Freundin um nichts auf der Welt verlieren. Sophia war die einzige Person, zu der sie neben ihrem Vater Vertrauen hatte. Der sie alles erzählen konnte. Anne stellte Tassen und Kaffee auf den Tisch und wartete geduldig, bis Sophia die richtigen Worte fand. Sie hatte sich gerade selbst an den Tisch gesetzt, Kaffee eingeschenkt und einen der Muffins mit der Gabel aufgespießt, als Sophia endlich mit der Sprache herausrückte:

„Anne … Wir sind ja schon so lange befreundet … immer haben wir uns so gut verstanden … und nie ist etwas zwischen uns gestanden … und … ich muss dir etwas beichten … ich war neulich hier … du warst gerade mit den Jungs weg zum Einkaufen … ähm … ja … und Dieter und ich … wir sind … wir haben …"

Anne ließ die Kuchengabel samt Muffin zu Boden fallen. Ihre gute Stimmung war von einem Moment auf den anderen verflogen. Es traf sie wie ein Schlag ins Gesicht, und noch bevor Sophia es aussprach, wusste sie, was die Freundin ihr sagen wollte.

Dieter hat mit Sophia geschlafen! Mit meiner besten Freundin! In unserer gemeinsamen Wohnung!

Anne blickte ihre Freundin fassungslos an und gab ihr zu verstehen, sie möge den Mund halten. Ihre fadenscheinigen Ausreden wollte Anne gar nicht erst hören. Sie konnte ihre Stimme nicht ertragen. Anne konnte es nicht glauben. Dieter hatte sie betrogen! Sophia hatte sie betrogen! Wie erleichtert Sophia jetzt wirkte. Gar nicht schuldbewusst. Wie konnte sie ihr das nur antun? Anne spürte den Zorn in sich aufwallen und versuchte sich zu beherrschen, so gut es ging.

„Sophia ... es ist besser, du gehst jetzt!"

Sophia stand wortlos auf, nahm die Dose mit den Muffins und verließ das Haus. Das war's. Anne blieb einsam am Tisch sitzen. Mit dem Schließen der Wohnungstür hatte Anne ihre beste Freundin das letzte Mal gesehen.

Als Dieter am Tag darauf nach Hause kam, stellte Anne ihn noch im Hausflur zur Rede.

„Dieter, hast du mir nichts zu sagen?"

Dieter wusste im ersten Moment gar nicht, was Anne von ihm hören wollte. Erst als sie ihm von Sophias Besuch erzählte und dass sie bereits alles wüsste, gestand er sein *Techtelmechtel* – so wie er es nannte. Mit einem Schulterzucken meinte er nur gleichgültig:

„Ja ... und ...?"

Dann schob Dieter sich gleichgültig an ihr vorbei ins Wohnzimmer, setzte sich auf die Couch und machte den Fernseher an, als wäre es das Normalste auf der Welt. Anne konnte kaum glauben, was sie da sah. Allein die Vorstellung, wie Dieter mit Sophia hier in ihrer Wohnung, in ihrem Schlafzimmer, auf ihrem Bett miteinander schliefen, schnürte ihr die Kehle zu. Anne stürzte ins

Badezimmer, unterdrückte Zorn und Tränen und musste sich erst einmal übergeben.

Wie konnte er mir das nur antun?

Bedeute ich ihm denn wirklich so wenig?

Wieso liebt er mich denn nicht?

Anne klappte den Deckel der Toilette zu und blieb zusammengesunken darauf sitzen. Abwesend sah sie an sich hinunter, hörte die Vorwürfe ihrer Mutter im Kopf und quälte sich noch stundenlang damit, was sie falsch gemacht hatte und was sie hätte besser machen können.

Anne zog sich komplett von ihrem Mann zurück. Fast zwei Monate schlief sie auf der unbequemen Couch im Wohnzimmer, weil sie seine Nähe nicht ertragen konnte. Nächtelang lag sie wach, wälzte sich von einer Seite auf die andere und kam nicht zur Ruhe. Fragte sich, was der Grund für all das war und ob sie nicht hübsch genug sei. Sie quälte sich mit Selbstzweifeln, Zorn und Traurigkeit. Nur langsam näherte sie sich Dieter wieder an. Sie konnte ihm wieder in die Augen sehen, zuckte nicht mehr zusammen, wenn sie sich unbeabsichtigt im Vorbeigehen berührten, und das Bild in ihrem Kopf, wie er es mit ihrer Freundin in ihrem Bett trieb, verschwand mit der Zeit. Vorsichtig öffnete sie sich ihrem Mann gegenüber und nach und nach bekam ihre Beziehung neues Leben.

Anne erzählte, wie es ihr ging, was sie fühlte und was sie vermisste. Sie sprach ungewohnt offen mit Dieter über ihre Wünsche und Hoffnungen. Und Dieter hörte zu. Sie sprachen sogar darüber, was sie im Bett gerne alles ausprobieren würden, und das wiederum gefiel Dieter sehr. Er mochte Annes Mut, Neues versuchen zu wollen, und die Vorstellung, seine Fantasien ausleben zu können. Er sah Anne wieder mit ganz anderen Augen. Und diese neu entdeckte Leidenschaft füreinander weckte nun genau jene Frühlingsgefühle, die Anne davon träumen ließen, wie Dieter ihr das schöne Sommerkleid ausziehen, sie auf den Tisch legen und leidenschaftlich mit der Zunge verwöhnen würde.

Komm bitte bald! Ich warte auf dich!

Dieter kam erst spät am Nachmittag nach Hause. Er war schlecht gelaunt und sah Anne kaum an, als er zur Wohnungstür hereinkam. Unfreundlich fragte er, wo sie denn so aufgebrezelt hinwolle. Er hatte anscheinend ganz vergessen, dass sie verabredet waren. Anne frischte Dieters Erinnerung geduldig auf und sie glaubte, so etwas wie Betretenheit in seinen Augen zu erkennen. An seiner miesen Stimmung änderte sich dennoch nichts. Er hatte überhaupt keine Lust, auf das Fest zu gehen, und schlug Anne vor, sie solle doch alleine hingehen. Es seien sicher Leute aus der Nachbarschaft da, mit denen sie sich unterhalten könne. Dass sie sich nicht unterhalten würde, befürchtete Anne nicht. Sie gehörte zu jenen Personen, die überall gleich dazugehörten und sich prächtig amüsieren konnten. Es hätte Anne nur so sehr gefreut, mit ihrem Mann auf das Fest zu gehen und wie früher unbeschwert Spaß zu haben. Sie hatten ja ausnahmsweise kinderfrei und hätten den Abend also in vollen Zügen genießen können. Anne wollte sich die Freude aber nicht verderben lassen und meinte gut gelaunt zu Dieter, er könne ja später nachkommen, wenn er Lust dazu hätte. Ihr war klar, dass sich an seiner Stimmung nichts mehr ändern würde, dafür kannte sie ihn zu gut. Sie wollte es nur angeboten haben, für alle Fälle. Anne machte sich also alleine auf den Weg zum Fest und küsste Dieter zum Abschied verliebt auf die Wange. Dass er diesen Kuss angewidert wegwischte, bekam sie nicht mehr mit. Da hatte sie die Wohnung schon verlassen.

Das Fest war einfach spitze. Es war ein lauer Frühlingstag und die Stimmung ausgelassen. Anne war in ausgesprochener Feierlaune. Von der Tanzfläche war sie gar nicht mehr wegzubekommen. Sie tanzte ausgiebig mit Peter, einem netten Mann aus der Nachbarschaft, den Dieter und sie von dem einen oder anderen Grillfest kannten. Peter und seine Frau Sabine waren seit einem Jahr verheiratet und hatten ebenfalls zwei kleine Kinder. Ein Mädchen und einen Jungen. Peter erwähnte, dass Sabine mit den Kindern zu Besuch bei ihren Eltern sei und übers Wochenende dortbleibe. Anne ihrerseits erzählte offenherzig von Dieters schlechter Laune und dass sie sich heute einfach nur gerne amüsieren wolle. Die Zeit verging wie im Flug. Es war noch nicht spät am Abend, gerade einmal neun Uhr, als Anne und Peter das Fest verließen. Sie waren unter den Letzten, die gingen. Abends konnte es doch recht kalt werden und Peter legte fürsorglich seine Jacke über Annes Schultern. Ihre Füße schmerzten vom vielen Tanzen. Sie war die hohen Absätze einfach nicht mehr gewohnt. Um besser laufen zu können, hängte sich Anne bei Peter ein. Aber eigentlich hätte sie besser Peter stützen sollen, denn er hatte wesentlich mehr getrunken als sie. Peter wohnte nur zwei Häuser von Dieter und Anne entfernt. Sie hatten also den gleichen Heimweg. Es war ein grandioser Abend gewesen und sie schwärmten abwechselnd davon. Anne bedankte sich bei Peter, dass er so nett war, sie bis nach Hause zu begleiten. So ganz alleine hätte sie in der dunklen Nacht nicht gehen wollen. Peter zeigte tiefstes Verständnis dafür und hielt Annes Arm noch fester. Und so torkelten sie weiter bis zu seinem Haus. Anne meinte, das kleine Stück würde sie nun auch alleine schaffen, doch Peter bestand darauf, sie zu begleiten. Er müsse nur vorher etwas aus dem Haus holen, das Dieter neulich in der Kneipe an der Ecke vergessen hatte. Anne könne das für ihn mitnehmen. Und damit sie nicht in der Kälte und im Dunkeln draußen alleine stehen musste, bot er ihr an, drinnen zu warten. Anne zögerte kurz. Sie war nicht das erste Mal bei Peter und Sabine in der Wohnung. Doch eigentlich wäre sie lieber nach Hause gegangen. Allerdings wollte sie auch nicht unhöflich sein. Peter war wirklich sehr nett und sie wollte ihn nicht beleidigen. Drinnen bot er ihr noch einen kleinen Absacker an, den Anne dann doch freundlich dankend ablehnte. Während Peter nach der vergessenen Sache suchte, sah sich Anne die Hochzeitsbilder an der Wand im Wohnzimmer an. Wie hübsch die beiden doch zusammen aussahen. Wie lieb Peter Sabine im Arm hielt und wie glücklich sie wirkten. Und wie sie die Bilder so betrachtete, sehnte sich Anne sehr nach ihrem Mann und nahm sich vor, Dieter danach wachzuküssen, um ihn so richtig zu verwöhnen. Als sie sich gerade umdrehen wollte, um nach Peter zu sehen, packte sie etwas von hinten. Ehe Anne überhaupt begriff, was vor sich ging, hatte Peter sie gewaltsam über den Tisch im Wohnzimmer geworfen, ihr Kleid nach oben geschoben und zerrte an ihrer Unterwäsche. Anne wollte erschrocken aufschreien, aber Peter hielt ihr den Mund mit einer Hand zu. Ihren Slip zerriss er einfach und dann ging alles so wahnsinnig schnell. Rücksichtslos drang Peter in sie ein. Anne lag da wie betäubt. Fassungslos darüber, was geschah. Sie konnte sich nicht bewegen. Peter hielt ihr mit einer Hand den Mund zu, sodass sie kaum Luft bekam. Mit der anderen drehte er ihren Arm nach hinten und drückte sie fest auf den harten Tisch. Ihre Beine hielt er mit seinen auseinandergespreizt. Anne konnte sich nicht mehr bewegen. Ihr Becken wurde bei jedem Stoß hart an die Tischkante gepresst. Peter lag schwer auf ihr, und auch wenn Anne sich kaum bewegen konnte, versuchte sie sich gegen den Angriff zu wehren. Aber so sehr sie sich auch drehte und wand, es gelang ihr nicht, sich zu befreien. Im Gegenteil. Peters Griff wurde nur noch härter. Einmal bot sich ihr die Gelegenheit, ihm in die Hand zu beißen. Peter fluchte laut auf und zischte ihr dann verächtlich ins Ohr:

„Stell dich doch nicht so an, du kleines Flittchen! Soll ich dich auch von hinten ficken? Komm her, du Schlampe, dir werde ich's schon geben! Du magst es doch etwas härter, hat Dieter gesagt!"

Anne war fassungslos, was er da sagte!

WIE! – KONNTE! – ER! – NUR!

Mit roher Gewalt drückte Peter sie noch fester nach unten. Ein stechender Schmerz durchzog Anne, der ihr fast die Besinnung raubte. Peters Atem wurde gieriger. Er stöhnte laut auf, als er sein ekliges Sperma in sie hineinspritzte. Er stieß noch ein paar Mal fest zu, bevor er auf sie fiel und schwer auf Annes Rücken liegen blieb. Anne roch seine Fahne aus Bier und Schnaps. Seinen ekelhaften Schweißgeruch. Sein Sperma, das ihr über die Schenkel nach unten rann.

DU! – WIDERLICHES! – ARSCHLOCH!

Endlich konnte sich Anne aus dem Griff ihres Angreifers befreien. Geschunden fiel sie hart zu Boden und rappelte sich zittrig wieder auf. Anne wollte nur noch weg von hier. Sie griff nach ihrer Tasche, die auf dem Boden lag. Sie musste nur noch die paar Meter zur Tür schaffen. Dann wäre sie in Sicherheit. Doch weit kam sie nicht. Peter war auf einmal wieder über ihr, zog sie an den Haaren zurück, zerriss ihr Kleid und zischte ihr ins Ohr, dass sie ja noch gar nichts von dem Spaß gehabt habe. Er drehte sie grob auf den Rücken, griff nach etwas, das auf dem Boden lag, und bevor sich Anne zur Wehr setzen konnte, rammte er ihr eine leere, dreckige Flasche gnadenlos in den

Unterleib. Schmerzgeplagt schrie Anne laut auf. Ihr Herz schien ihr aus der Brust zu springen. Sie war sich sicher, sie würde hier nicht mehr lebend rauskommen. Die Todesangst, die sie empfand, ließ ihr das Blut in den Adern gefrieren. Peter kniete schwer auf ihr und drückte sie zu Boden. Kraftlos und resigniert starrte Anne an die Decke. Tränen rannen ihr über das Gesicht. Sie fühlte nichts mehr. Nichts. Jeder Widerstand in ihr war gebrochen. Anne betete nur noch, dass ihr Angreifer aufhören würde. Dass er sie nicht umbringen würde. Dass der Albtraum endlich enden würde. Aber er tat es nicht. Peter ließ noch lange nicht von ihr ab. Immer wieder stieß er die Flasche in sie hinein, beschimpfte sie als Flittchen und billige Schlampe. Nebenbei holte er sich einen runter und ergoss sein ekliges Sperma über Annes geschundenen Körper. Jetzt erst ließ er von ihr ab. Mit letzter Kraft drehte sich Anne wackelig auf alle viere. So schnell sie konnte, versuchte sie sich in Sicherheit zu bringen. Anne mühte sich schwankend auf die Beine und rannte, so schnell sie nur konnte, barfuß zur rettenden Wohnungstür, stolperte die Stufen zur Straße hinunter und lief angewidert, und ohne sich umzudrehen, nach Hause. Sie wollte nur noch weg! Weg von diesem Mistkerl! Nach Hause in Sicherheit. So schnell sie nur konnte. Dieter fuhr erschrocken von der Couch auf, als Anne kreidebleich und tränenverschmiert, ohne Schuhe und im zerrissenen Sommerkleid ins Wohnzimmer stürmte. Die Frau, die vor Dieter kniete, schaute nicht minder erschrocken drein, als sie Anne bemerkte. Dieter zog wütend seine Jogginghose hoch und wollte Anne schon anschreien, hielt aber plötzlich inne. Die Art, wie Anne dastand, ließ ihn doch zögern. Anne war kaum ansprechbar. Er schüttelte sie und wollte wissen, was passiert war.

„Peter … er … er hat mich vergewaltigt."

Dieter ließ Anne abrupt los und stürmte vor Zorn kochend aus dem Zimmer. Seine Hand war zur Faust geballt. Anne hörte nur noch, wie die Tür hinter ihm laut ins Schloss fiel. Dann war sie allein mit der fremden Frau, die sich umständlich aufrappelte und sich halbnackt und beschämt an Anne vorbeischlich. Auf dem Weg nach draußen schob sie eilig ihren Rock zurecht und knöpfte die Bluse zu. BH trug sie keinen. Mit Handtasche und High Heels in der Hand suchte sie schnell das Weite. Anne sank vollkommen entkräftet auf dem Platz nieder, an dem dieses Flittchen kurz zuvor Dieter einen geblasen hatte. Ein roter Stringtanga lag vor ihr auf dem dunklen Teppichboden. Der Couchtisch war verschoben. Es roch nach Bier.

Annes Blick war starr und geistesabwesend ins Nichts gerichtet. Lange saß sie so da. Apathisch. Angewidert. Geschunden. Beschämt. Anne zitterte. Sie konnte nicht glauben, dass ihr das passiert war. Es konnte nur ein Albtraum sein, aus dem sie gleich erwachen würde. Gleich würde alles wieder so sein wie vorher. Ganz sicher. Anne stand unter einem tiefen Schock. Ein einziger Gedanke schaffte es durch diese dicke Mauer der Surrealität:

Wenn er mich schon nicht liebt, verteidigt er mich wenigstens.

Als Dieter etwas später immer noch fluchend zurück in die Wohnung kam, hatte sich Annes Zustand kaum verändert. Als Dieter zu ihr ins Wohnzimmer ging, trug er etwas Großes vor sich her. Als dieses Etwas in ihre Richtung flog, hob sie instinktiv die Arme vors Gesicht. Dann wurde es dunkel im Raum. Anne blieb allein zurück. Vor ihr auf dem Boden lagen Bettdecke und Kopfkissen.

11
… Mama, hilf mir!

Anne war gerade mit Putzen fertig. Es roch nach frischen Zitrusfrüchten. Abwesend starrte sie aus dem kleinen Fenster, das auf den Innenhof blickte. Sie sah, wie ihre Nachbarin Frau Helene gerade mit vollen Einkaufstüten nach Hause kam und sie flüchtig begrüßte. Anne erwiderte den Gruß freundlich.

Was sie wohl von mir denken mag?

Sie sah sich bedrückt in ihrer provisorischen Unterkunft um. Seit fast einem Monat lebte sie nun dort, wo früher das Spielzimmer der Jungs gewesen war. Das konnte in der Nachbarschaft nicht unbemerkt geblieben sein. Mit Sicherheit wurde hinter ihrem Rücken über sie getuschelt.

Anne, die Versagerin … Kriegt ihr Leben nicht auf die Reihe … Muss im schäbigen Keller hausen …

Doch so schäbig war er gar nicht. Es gab einen Klapptisch mit zwei Stühlen, eine alte Couch, die man zum Schlafen ausziehen konnte, einen wackeligen Schrank für Essen und Kleidung zum Wechseln, eine alte Mikrowelle und eine Holzkiste, die man als Nachttisch benutzen konnte. Darauf befanden sich eine rote Leselampe, ihr alter Wecker und ein Buch zum Lesen. Mehr hätte in dem kleinen Raum gar nicht Platz gehabt. Morgens schien für eine knappe Stunde die Sonne durch das kleine Fenster und abends tauchte der spärliche Schein der Straßenlaterne alles in schummriges Licht. Dann wirkte ihre Bleibe tatsächlich einigermaßen gemütlich. Auch wenn Anne es geschafft hatte, sich gut und zweckmäßig einzurichten, wusste sie, dass sie nicht ewig hier wohnen bleiben konnte, während ihre Jungs oben bei Dieter und seiner neuen Freundin Angelika waren. Sie vermisste sie so sehr. Traurig machte Anne sich für die Nacht fertig, ohne zu ahnen, dass sich binnen kurzer Zeit alles für sie ändern würde.

Anne stand zitternd am Bordsteinrand. In der rechten Hand hielt sie fest umklammert ihre abgenutzte alte Reisetasche, in der linken lag weich die kleine Hand von Patrick. Im Arm trug sie den schlaftrunkenen Derrick, der seinen Kopf müde vom vielen Weinen auf ihre Schultern legte. Patrick hingegen stand tapfer in Pantoffeln und Schlafanzug neben ihr. Es regnete leicht. Anne hatte noch gar nicht richtig realisiert, was soeben geschehen war. Sie wusste nur, dass sie so schnell wie möglich von hier wegmusste. Nur … wo sollte sie hin? Sie hatte den Kontakt zu all ihren Freundinnen abgebrochen. Derrick weinte wieder leise und Patrick löcherte sie mit Fragen. Anne hatte keine Antworten. Angestrengt versuchte sie einen Ausweg für sich und ihre Jungs zu finden. Sie brauchten dringend einen Ort, an dem sie die Nacht verbringen konnten. Doch Anne konnte keinen klaren Gedanken fassen. Sie hörte immer noch die Worte von Frau Helene in ihrem Kopf.

„Wenn du jetzt nicht auf der Stelle deine Jungs da wegholst, werden sie dir das nie verzeihen!"

Anne und Frau Helene kannten sich kaum. Man grüßte sich höflich, doch ansonsten hatte man nicht viele Gemeinsamkeiten. Annes soziales Umfeld beschränkte sich auf ihre Arbeit bei der Post, Einkaufen und ihre Jungs. Kontakte außerhalb pflegte sie gar nicht mehr und sie lebte sehr zurückgezogen. Deshalb verstand sie auch nicht gleich, was ihre Nachbarin von ihr wollte, als sie spät am Abend im Schlafrock an ihre Tür klopfte. Aufgebracht versuchte sie Anne klarzumachen, was in der Wohnung über ihr geschah. Als Anne schließlich realisierte, dass es um ihre beiden Jungs ging, war sie auf der Stelle glasklar im Kopf.

Nun hörte sie auch das wilde Geschrei, von dem Frau Helene dauernd sprach. Der Streit wurde lauter und lauter und man konnte ihn bis in den Hausflur hinaus deutlich hören. Anne, in panischer Sorge um Patrick und Derrick, stürmte ungehalten in Dieters Wohnung. Vor ihren Augen bot sich ein regelrechtes Schlachtfeld. Es stank fürchterlich nach Bier und etwas, das Anne nicht zuordnen konnte. Angelika, Dieters Freundin, schrie wie eine wildgewordene Furie abwechselnd ihre beiden Jungs und dann Dieter an. Der konnte sich das natürlich nicht gefallen lassen und hielt lautstark dagegen. Patrick und Derrick standen eingeschüchtert in der Ecke im Wohnzimmer und hielten sich aneinander fest. Ihr bitterliches Weinen ging in dem ganzen Lärm vollständig unter. Dieter kam es gar nicht in den Sinn, seine Söhne zu verteidigen oder in Schutz zu nehmen. Im Gegenteil. Er achtete nicht einmal darauf, wohin er den Stuhl schmetterte, und hätte um ein Haar Patrick am Kopf erwischt. Anne stellte sich augenblicklich beschützend vor ihre Kinder, die sich sofort weinend und hilfesuchend an sie klammerten. Rückwärts und ohne Dieter aus den Augen zu lassen, schob sich Anne mit den Jungs aus der Wohnung. Einen kurzen Moment blieb es still. Dieter und Angelika starrten ihr mit aufgerissenen Augen hinterher, bevor sie wieder wie besessen weiterstritten. Anne hörte noch, wie Angelika verbittert fauchte:

„Hiergeblieben! Du läufst diesem Hurenpack nicht hinterher! Wir sind noch nicht fertig!"

Anne befürchtete, dass Dieter sie bis in den Flur hinaus verfolgen und ihr die Jungs entreißen würde. Sie zuckte erschrocken zusammen, als sie hörte, wie drinnen in der Wohnung etwas zu Bruch ging. Nichts wie weg von hier! Geistesgegenwärtig hatte Frau Helene in der Zwischenzeit ihren Mann angewiesen, ein Taxi zu rufen, und für Anne eine Tasche mit Kleidung, Zahnbürste und einer Packung Kekse zusammengepackt. Anne hätte sie dafür umarmen können, doch da drückte sie ihr auch schon die Tasche in die einzige freie Hand, die sie noch hatte, hielt ihr die schwere Eingangstür auf und schob sie mit den Kindern hindurch. Dann zog sie sich eilig in den Schutz der eigenen Wohnung zurück. Anne nahm sich fest vor, ihr irgendwann angemessen dafür zu danken. Doch momentan hatte sie andere Sorgen. Während sie nun draußen am Bordstein auf das Taxi wartete, schielte sie immer wieder angsterfüllt Richtung Hauseingang. Glücklicherweise blieb dort alles ruhig.

Anne kam es wie eine Ewigkeit vor, bis das Taxi endlich vorfuhr.

Wann ist mein Leben so aus den Fugen geraten? In diesen wenigen Minuten lief ihr Leben wie ein Film vor ihrem inneren Auge ab und ihr wurde schlagartig bewusst, wie abhängig und unterwürfig sie Dieter gegenüber hier gelebt hatte. Seit der Vergewaltigung war es zwischen ihnen nicht mehr so gewesen wie vorher. Anne schämte sich so sehr, was Peter ihr angetan hatte, und wagte es nicht, sich jemandem anzuvertrauen. Sie wollte es einfach nur vergessen. Deshalb begrub sie all ihre furchtbaren Erinnerungen und Demütigungen ganz tief in ihrer Seele. In der Hoffnung, dass alles wieder so werden konnte, wie es früher war. Aber es wurde nicht wie früher. Im Gegenteil. Dieter ging ihr aus dem Weg und strafte sie mit Verachtung. Sicherlich, er hatte sie verteidigt und in gewisser Weise auch gerächt, als er Peter arg ein paar reingehauen hatte. Doch seitdem sah er sie anders an. Immer häufiger beschimpfte und beleidigte er sie. Anfangs geschah es nur, wenn sie alleine waren. Später auch vor den Kindern, vor ihren Eltern oder in der Öffentlichkeit. Und es blieb nicht bei den Beschimpfungen. Anne lebte seitdem in ständiger Angst, geschlagen und gedemütigt zu werden. Als Dieter dann anfing, auch die Kinder zu bedrohen, ging Anne jedes Mal mutig dazwischen und versuchte ihr Bestes, ihn davon abzuhalten. Doch manchmal war es einfach nicht genug. Im Nachhinein tat es Dieter dann leid und er versprach, es würde nie wieder passieren. Doch auch das änderte sich und irgendwann versprach er gar nichts mehr. Anne hockte verzweifelt Nacht für Nacht im Badezimmer auf der Toilette und weinte still und heimlich ihren Schmerz hinaus. Eines Abends, so ganz nebenbei, informierte Dieter sie über die Beziehung mit einer anderen Frau und darüber, dass Angelika nun bei ihm wohnen würde. Er stellte Anne damit vor vollendete Tatsachen. Sie hob den Blick vom Waschbecken, schaute ihn an … und blieb stumm. Sie kannte das feindliche Funkeln in seinen Augen nur zu gut. Da genügte ein falscher Atemzug und er würde explodieren. Seitdem gab es strenge Regeln, wann und wo sie sich aufhalten durfte. Wenn Angelika zu Hause war, musste Anne sich im Gästezimmer einsperren und durfte weder ins Bad noch in die Küche oder sonst wohin. Nacht für Nacht musste sie sich das Gestöhne von Dieter und seiner neuen Freundin anhören. Es zerriss Anne das Herz. Die Situation wurde unerträglich, bis sie schlussendlich keinen anderen Ausweg mehr wusste, als in das Spielzimmer der Jungs im Keller zu ziehen. Dort konnte sie sich zumindest frei bewegen. Um ins Bad oder auf die Toilette zu gehen, schlich sie sich nach oben in die Wohnung, wenn Angelika nicht da war. Tagsüber, wenn sie zu Hause war, durften Patrick und Derrick glücklicherweise bei ihr im Keller bleiben, denn Angelika weigerte sich strikt, sich um sie zu kümmern. Die Nacht verbrachten sie aber oben in ihrem Zimmer. Der Abschied fiel Anne jedes Mal so schwer und besonders Derrick litt mit seinen drei Jahren sehr darunter, von seiner Mama getrennt zu sein. Auch wenn die Situation schrecklich war, so musste sie wenigsten nicht mehr mit einem Mann zusammenleben, der bereits eine andere Beziehung eingegangen war. Angestrengt suchte Anne tagtäglich nach einer Wohnung für sich und die Jungs, doch in der ganzen Stadt gab es keine, die sie sich hätte leisten können. Also blieb ihr nichts anderes übrig, als vorerst das Beste daraus zu machen.

Als das Taxi dann endlich vorfuhr, es hatte kaum angehalten, riss Anne schon die Beifahrertür auf, setzte Patrick auf den Sitz, zog den Sicherheitsgurt straff, verfrachtete Derrick auf die Rückbank und nahm neben ihm Platz. Noch während sie die Tür hinter sich zuzog, wies sie den Taxifahrer an, schnell loszufahren. Sie warf noch einen letzten Blick zurück und im Schein der Straßenlaterne sah sie, wie Dieter Angelika von hinten ans Fenster drückte. Anne war sich nicht sicher, ob sie sich versöhnten oder weiterstritten. Die ganze Zeit über hielt sie ihre Tasche eisern umklammert. Erst als die Wohnung außer Sichtweite war, entspannte sie sich langsam und kam wieder einigermaßen zu sich. Es bestand keine Gefahr mehr. Dann drehte sie sich zum Taxifahrer um und sagte: *„Goethestraße 11."*

... Mama, hilf mir!

12
... vom Regen in die Traufe

Als Anne spätabends bei ihren Eltern an der Haustür klingelte, bezweifelte sie, dass es die richtige Entscheidung war. Sie wusste auf die Schnelle nur keinen anderen Ausweg. Papa öffnete ihr erschrocken im Schlafanzug. Er stellte keine Fragen, ließ sie schnell eintreten und nahm ihr die Kinder ab. Dann ging er mit ihnen schnurstracks in die Küche, wo er für jeden erst einmal eine große Tasse heiße Schokolade machte. Sie waren ja ganz durchgefroren. Anne blieb im Flur zurück. Dort roch es immer noch so wie früher. Reglos stand sie da. Ihre Kinder waren in Sicherheit. Und der Schock holte sie nun ein. Krampfhaft umklammerte sie den Griff ihrer Reisetasche und hatte Schwierigkeiten zu atmen. Sie presste sich die Hand gegen die Brust, während ihr Schweißperlen kalt über die Stirn liefen. Papa kam besorgt aus der Küche gelaufen. Erschüttert nahm er ihr die Tasche ab, stellte sie auf den Boden und versuchte, mit seiner

Tochter zu reden. Doch Anne reagierte kaum darauf. Sie sah ihren Vater an, sah ihn seine Lippen bewegen, konnte aber kein Wort verstehen. Sie konnte keinen klaren Gedanken fassen. In ihrem Kopf ging alles drunter und drüber. Sie wusste nicht, woher sie die Kraft genommen hatte. Vorhin war alles so schnell gegangen. Papa schob sie kurzerhand ins Badezimmer, drehte den Wasserhahn der Dusche auf, legte ihr ein Handtuch bereit und ermuntere sie, sich erst einmal aufzuwärmen.

„Das wird dir guttun. Es wird dich beruhigen. Danach sieht die Welt schon wieder besser aus."

Er vergewisserte sich mehrmals, dass sie seinen Rat auch annehmen würde. Dann erst kehrte er in die Küche zu seinen beiden Enkeln zurück. Anne zog sich unterdessen aus, stellte sich unter die Dusche und das warme Wasser löste sie allmählich aus ihrer Erstarrung. Erst jetzt fiel ihr auf, dass sie vollkommen durchgefroren war. Sie hörte, wie sich Papa draußen um die Jungs kümmerte. Ihre Mutter war offenbar ausgegangen. Anne blieb noch lange unter der Dusche stehen, entspannte sich und genoss die wohltuende Wärme auf ihrer Haut. Langsam kam sie wieder zu Kräften und fühlte sich so geborgen, wie sie sich als Kind immer gefühlt hatte, wenn sie bei Papa gewesen war. Sie richtete nun den Wasserstrahl direkt ins Gesicht und ließ ihren Tränen freien Lauf. Hier, wo niemand sie hören oder sehen konnte, hier durfte sie weinen. Das warme Wasser spülte ihre Traurigkeit, ihre schlimmen Erlebnisse und ihre Verzweiflung weg. Sie hörte, wie Papa die Kinder in ihr altes Zimmer zum Schlafen brachte. Bekam mit, wie ihre Mutter nach Hause kam und Papa bedrängte, ihr alle Details zu erzählen. Sie wollte wissen, was ihre ungeratene Tochter schon wieder angestellt hatte.

Warum konnte Mama nicht wie Papa sein?

Papa hatte Mühe, seine Frau davon abzuhalten, gleich ins Badezimmer zu stürmen, um mit dem Verhör zu beginnen. Anne war heilfroh, vorher daran gedacht zu haben, die Badezimmertür abzuschließen. Es war ihr natürlich klar, dass sie irgendwann wieder rauskommen musste, doch im Moment war es hier sicherer. Sobald draußen alles ruhig war, huschte sie schnell in ihr altes Zimmer, kramte den Schlüssel aus dem rosa Schmuckkästchen hervor und verschloss die Tür hinter sich. Sie kannte ihre Mutter. Sie würde nicht aufgeben. Dann schlüpfte Anne in ihren alten Schlafanzug, der noch in der Kommode lag, und kuschelte sich zu den Jungs ins Bett. Obwohl beide schon tief schliefen, küsste sie sie liebevoll auf die Stirn und wünschte ihnen leise eine gute Nacht. Binnen Sekunden war auch Anne vollkommen erschöpft eingeschlafen. Wie die Türklinke nach unten gedrückt wurde, bekam sie nicht mehr mit. Gekränkt musste ihre Mutter wohl oder übel in ihr Zimmer zurückkehren.

Anne wollte nicht länger als unbedingt nötig bei ihren Eltern wohnen bleiben und machte sich gleich am nächsten Tag wieder auf die Suche nach einer eigenen Unterkunft. Die Beziehung zu ihrer Mutter wurde mit jedem Tag schwieriger. Seit ihrer Ankunft versuchte Anne, ihr möglichst aus dem Weg zu gehen. Die permanenten Vorwürfe ihrer Mutter, nicht genug in die Ehe investiert oder sich zu wenig um ihren Mann gekümmert zu haben, machten ein Auskommen nicht gerade einfach. Die Scheidung von Dieter ging sehr schnell. Das Sorgerecht für die Jungs wurde Anne zugesprochen und Dieter sollte Unterhalt bezahlen. Daraufhin hörte er auf zu arbeiten und befreite sich damit von dieser lästigen Pflicht. Anne stand nun fast mittellos da. Ihr Gehalt von der Teilzeitstelle bei der Post reichte bei Weitem nicht aus. In ihrer Verzweiflung blieb ihr nichts anderes übrig, als sich ans Jugendamt zu wenden. Es war nicht viel, was ihr an Unterstützung zugesprochen wurde, und ihre Mutter drängte darauf, sich wieder mit

Dieter zu versöhnen. Sie verstand nicht, wie ihre Tochter so einen netten und gut aussehenden Mann hatte verlassen können. Anne hätte sich ihr anvertrauen können. Ihr erzählen können, was sie alles erleiden musste und wie schlimm die Beziehung mit Dieter geworden war. Aber sie konnte es nicht. Sie glaubte nicht, dass ihre Mutter in irgendeiner Art und Weise Verständnis für sie aufbringen könne. Auch Papa konnte sie sich nicht anvertrauen. Dafür schämte sie sich zu sehr. Sie betete inständig, bald eine eigene Wohnung zu finden, um mit ihren Jungs ganz neu anzufangen. Dann könnten auch ihre tiefen seelischen Wunden endlich anfangen zu heilen. Die Zeit unter ihrer alles kontrollierenden Mutter belastete Anne sehr. Ständig musste sie ihre beleidigenden Kommentare über sich ergehen lassen. Wie sie aussah. Wie sie sich kleidete. Sie warf ihr vor, keine gute Mutter und Ehefrau zu sein, ihre Kinder falsch zu erziehen und Papa und ihr auf der Tasche zu liegen. Sie sei faul, ungepflegt und aufmüpfig. Ihre Mutter hatte einfach an allem etwas auszusetzen. Anne wusste, dass sie nicht ewig zu Hause bei ihren Eltern wohnen bleiben konnte, doch es verletzte sie sehr, dass sie bei Mama so unwillkommen war.

Als Anne dann beim Einkaufen im Supermarkt bei den Fertiggerichten einen netten jungen Mann kennenlernte, fühlte sie sich zum ersten Mal seit Jahren wieder lebendig. Es war schön, umschmeichelt und zum Essen ausgeführt zu werden. Anne fühlte sich hübsch und begehrenswert. Stefan war sehr kultiviert, aufmerksam und anständig. Ein echter Gentleman. Alles, was sie bisher hatte durchmachen müssen, geriet fast in Vergessenheit. In Anne keimte ein zarter Spross der Hoffnung auf, vielleicht doch noch ein glückliches Leben führen und noch einmal neu anfangen zu können. Doch ihre Mutter hatte nur Spott und Herabwürdigung für sie übrig.

„Wie soll eine Beziehung mit einem jüngeren Mann denn halten, Anne? Kannst du mir das verraten? Noch dazu mit zwei Kindern? Wie stellst du dir das denn vor? Glaubst du denn wirklich, er wird bei dir bleiben? Unter diesen Umständen mit Sicherheit nicht!"

Und während sie das sagte, musterte sie Annes Körper abfällig von oben bis unten. Sie hatte auch keine Skrupel, ihr einzureden, dass eine Sterilisation das einzig Richtige sei, um die Beziehung zu diesem Mann halten zu können.

„Alleinerziehend mit zwei Kindern bist du doch eh schon gestraft genug. Mit dem bisschen Geld kannst du dir doch keine weiteren Mäuler leisten. Du bist doch jetzt schon ein Sozialfall für das

Land! Außerdem, ein Mann wie Stefan, jung und erfolgsorientiert, ist sicherlich nicht an einer Groß-familie interessiert. Sei doch nicht so naiv, Kind. Ich will nur das Beste für dich. Vertrau mir.“

Anne war durch die permanente Manipulation ihrer Mutter dermaßen beeinflussbar geworden, dass sie schließlich zustimmte. Sie konnte sich dem Druck, den ihre Mutter auf sie ausübte, nicht widersetzen. Mamas Argumente schienen in dem Moment ja auch plausibel zu sein. Und so war der Eingriff beschlossene Sache. Ihre Mutter vereinbarte den Termin, sprach mit dem Arzt und ließ Anne seitdem nicht mehr aus den Augen. Es war immer schon ihre Stärke gewesen, nach außen die fürsorgliche Mutter zu spielen und ihr wahres Gesicht zu verbergen. Sie begleitete Anne ins Krankenhaus, wartete geduldig im Vorraum und tat vor dem Arzt so, als sei sie die Mutter des Jahres. Kaum waren sie wieder auf dem Heimweg, spannte ihre Mutter auf ihre subtile Art das manipulative Netz noch enger.

„Du warst sehr tapfer heute, mein Kind, aber Papa erzählen wir am besten nichts davon. Es soll unser kleines Geheimnis bleiben. Männer wissen eh nicht, was das Beste für uns Frauen ist. Jetzt kannst du dich in Ruhe um Stefan kümmern und deine Figur auf Vordermann bringen. Du

möchtest doch deinem neuen Freund gefallen, oder? Na siehst du, alles wird gut."

Da es nur ein kleiner Eingriff gewesen war, war Anne schnell wieder auf den Beinen. Zu Hause litt sie schon bald unter der Entscheidung und darunter, ihren Papa belügen zu müssen. Sie bereute es bald, sich nicht gegen ihre Mutter und die Sterilisation gestellt zu haben. Die Tragweite dieser Entscheidung wurde ihr in vollem Ausmaß nur kurze Zeit später bewusst, als Stefan ihr seine unendliche Liebe gestand. An einem schönen Wintertag im Dezember waren sie zum Eislaufen an den See außerhalb der Stadt gefahren, als er vor ihr aufs Eis kniete, eine kleine Schatulle öffnete und sie um ihre Hand bat. Anne war so überrascht, dass sie im ersten Moment nichts darauf erwidern konnte. Stefan war so fürsorglich, half und unterstützte sie, wo es nur ging, und tat alles, um ihr zu gefallen. Doch Liebe empfand Anne nicht für ihn. Annes Schweigen verunsicherte Stefan. Er spürte ihr Zögern und erhob sich, die Schatulle mit dem Ring immer noch in den Händen haltend.

„Wenn du mich nicht willst, dann bin ich weg."

Anne erschrak zutiefst. Sie sah in seine tiefblauen Augen und versank in seinem traurigen Hundeblick. Wie verlassen er dastand, mit dem Ring in der Hand. Das konnte sie ihm nicht antun. Wie sollte sie auch ohne ihn auskommen? Stefan war mit der Zeit unentbehrlich für sie geworden. Ein wirklicher Freund, auf den sie sich immer verlassen konnte. Und neben Papa die einzige Stütze, die sie hatte. Wenn er sie jetzt verließe, käme sie nicht mehr klar. Aus Angst, ihr Leben nicht ohne ihn auf die Reihe zu bekommen, nahm sie seinen Antrag an. Stefan zog sie an sich und erdrückte sie dabei fast. Anne war wie Butter in seinen Händen. Und während er sie umarmte, schwärmte er ihr von seinen Plänen vor.

Die Hochzeit wurde bald darauf im kleinsten Kreis der Familie gefeiert. Anne hatte sich auf Stefans Wunsch hin für ein schlichtes, rosafarbenes Kleid entschieden. Er selbst sah sehr edel aus in seinem schwarzen Anzug. Es gab guten Wein aus Italien, verschiedene Häppchen und einen Sonntagsbraten, den Anne schon frühmorgens zubereitet hatte. Stefan wollte die Feier so einfach wie möglich halten. So konnten sie auch Geld sparen.

„Wenn du möchtest, dass ich für euch sorge und euch ein gutes Leben biete, dann musst du auch auf einiges verzichten können, Anne."

Doch das versprochene Glück währte nicht lange. Anne zog gleich nach der Hochzeit mit ihren Söhnen bei Stefan ein. Es sollte nur vorübergehend sein, doch der Traum der größeren Wohnung

153

erfüllte sich nicht. Schon nach einem Jahr begann es zwischen ihnen zu kriseln. Stefan schaffte es plötzlich nicht mehr, eine Beziehung zu seinen Stiefsöhnen aufzubauen, obwohl er sich mit ihnen immer gut verstanden hatte. Er wollte sie nicht als seine Söhne anerkennen, sondern sah sie zunehmend als lästige Anhängsel, um die er sich kümmern musste und die ihn Geld kosteten. Lange Zeit verstand Anne nicht, wo plötzlich das Problem lag, bis sie erfuhr, dass der Erfolg, den Stefan sich mit seinen Investments erhofft hatte, ausblieb. Ihr Mann war von einem Tag auf den anderen wie ausgewechselt. Und seine Unzufriedenheit ließ er Anne und die Jungs bei jeder Gelegenheit spüren. Die zwei Jungs strafte er mit Verachtung und entsprechend ablehnend reagierten Patrick und Derrick dem Stiefvater gegenüber. Anne warf er vor, ihre Kinder nicht unter Kontrolle zu haben und sie gegen ihn aufzuhetzen. So kam es, dass sich Anne wieder in der Situation befand, sich zwischen Mann und Kinder stellen zu müssen. Die schmerzhaften Erinnerungen an Dieter und die Gewalt, der sie damals ausgesetzt gewesen war, ließen sie demütig alles hinnehmen und ertragen. Als Stefan dann plötzlich eigene Kinder haben wollte, stand Anne vor einem riesigen Problem. Stefan wusste immer noch nichts von der Sterilisation. Jedes Mal, wenn das Thema zur Sprache kam, versicherte sie ihm: Wenn sie es nur lange genug versuchen würden, würde es mit dem eigenen Kind sicherlich klappen. In ihrer Verzweiflung wusste sie nichts anderes zu sagen. Zunächst bezweifelte Stefan seine Zeugungsfähigkeit und litt sehr darunter. Als das Testergebnis ihm dann den gegenteiligen Beweis lieferte, warf er Anne vor, sie würde heimlich die Pille nehmen und sie hätte ihn nur geheiratet, um ein sorgenfreies Leben führen zu können. Immer wieder beteuerte Anne, dass sie ihn niemals hintergehen könnte, doch er wollte ihr nicht glauben. Eines Abends, die Jungs waren schon im Bett, kam es zu einem heftigen Streit zwischen ihnen. Stefans Augen funkelten böse und vor Zorn konnte er kaum seine Vorwürfe formulieren. So hatte Anne ihn noch nie erlebt. Völlig aufgelöst und unter Tränen gestand sie endlich, dass ihre Mutter sie nach der Scheidung zur Sterilisation gezwungen hatte. Stefan war wie vor den Kopf gestoßen. Er sah seine Frau feindselig an, wie sie vor ihm kniete und ihn inständig anbettelte, er möge ihr verzeihen. In diesem Moment hatte er nichts als Verachtung für sie übrig. Dann drehte er auf dem Absatz um und verließ türenknallend die Wohnung. Anne war einem Nervenzusammenbruch nahe. Sie hätte Stefan noch so gerne gesagt, dass sie schon mit dem Arzt geredet habe und die Möglichkeit bestehe, die Sterilisation rückgängig zu machen, aber die Chancen, dass es funktioniere, seien sehr gering. Und für die Kosten müsse man zwar selbst aufkommen, doch darum werde sie sich kümmern. Aber es war zu spät. Stefan hatte sie verlassen. Wie ihre Mutter es prophezeit hatte.

„Sie lügt! Sie lügt mich an! Das kann sie nicht getan haben! Das kann nicht wahr sein! Sie lügt!!" Nachdem Stefan aus der Wohnung gestürmt war, fuhr er ziellos durch die Gegend. Er konnte es nicht wahrhaben. Wie konnte man denn so etwas machen? Stefan versuchte angestrengt, das zu verarbeiten, was Anne ihm gerade gestanden hatte. Er schmetterte seinen ganzen Ärger der kalten Windschutzscheibe entgegen. Seine Zweifel fraßen ihn innerlich auf und er wäre beinahe in ein anderes Auto gekracht. Die rote Ampel vor ihm hatte er komplett übersehen. Der andere Fahrer beschimpfte ihn lautstark als Vollidiot und fuhr mit quietschenden Reifen davon. Erschüttert brachte Stefan sein Auto am Straßenrand zum Stehen und stieg zitternd aus. Während er in die Nacht hineinstarrte, fasste er einen Entschluss. Er brauchte Gewissheit und er wusste, wo er diese bekommen konnte. Stefan stieg wieder ein und steuerte

den Wagen in die Goethestraße. Nummer 11. Blind vor Zorn stürmte er durch den Innenhof hin zur Eingangstür. Wie besessen drückte er auf die Türklingel seiner Schwiegereltern und pochte wild mit der Faust gegen die schwere Holztür. Über ihm wurde ein Fenster geöffnet. Ein älterer Herr lehnte sich hinaus und schrie in den dunklen Innenhof, ob er von allen guten Geistern verlassen sei, und drohte damit, die Polizei zu rufen. Stefan ließ sich davon nicht abbringen und pochte weiter ungehalten an die Tür. Als endlich Annes Mutter empört im Eingang erschien, konfrontierte er sie sofort mit seinen Anschuldigungen, doch sie schnitt ihm mit einer Handbewegung schnell das Wort ab.

„Ich habe nur das Beste für meine Tochter gewollt! Du solltest froh sein! Du glaubst doch nicht etwa, dass ihr anständige Kinder in die Welt setzen könntet? So ein Mann bist du nicht!"

Mit einem herabwürdigenden, spöttischen Blick wies sie ihn schroff ab und demütigte ihn, indem sie ihm die Tür vor der Nase zuschlug, bevor er überhaupt zu Wort kam. Stefan war sprachlos. Zum zweiten Mal an diesem Abend fühlte er sich vor den Kopf gestoßen. Hilflos stand er da und sah dabei zu, wie die Lichter gelöscht wurden. Im Innenhof kehrte wieder Ruhe ein. Stefan legte den Kopf in den Nacken und sah in den Sternenhimmel hinauf. Die Hände fest an die Schläfen gedrückt. Die kühle Nachtluft tat ihm gut. Dann kehrte er zu seinem Auto zurück, stieg ein, zog den Sicherheitsgurt fest, startete den Motor und sah noch einmal zur Tür hin, die ihm vor wenigen Minuten vor der Nase zugeschlagen worden war. Und fuhr los.

Stefan kam erst nach zwei Wochen wieder zurück. Niemand wusste, wo er war, oder hörte von ihm. Er meldete sich weder bei seiner Frau noch seinen Eltern oder Freunden. Anne überlegte schon, ob sie nicht zur Polizei gehen sollte. Als sie ihn dann vom Fenster aus kommen sah, ließ sie alles stehen und liegen, rannte ihm entgegen und fiel ihm überglücklich um den Hals.

Er ist zu mir zurückgekommen!

Aufgeregt erzählte sie ihm, was der Frauenarzt gesagt hatte, welche Möglichkeiten es gäbe und dass die Chancen gut stünden, eigene Kinder zu bekommen. Sie erzählte ihm eifrig, die Kosten für den Eingriff könne sie zur Not alleine tragen, wenn sie Papa um Hilfe bitten würde. Anne überhäufte ihren Mann mit Lösungen und Möglichkeiten. Es sprudelte nur so aus ihr heraus. Stefan sollte schließlich wissen, dass sie sich Gedanken machte und alles dafür tun würde, ihm den Wunsch nach einem eigenen Kind zu erfüllen, ohne ihm auf der Tasche zu liegen. Schließlich hatte sie es zu verantworten, wenn er keine eigenen Kinder mit ihr haben konnte. Stefans schmerzlichen Blick übersah sie dabei. Anne klammerte sich mit aller Kraft an die Illusion der glücklichen Familie. Ihr Mann war zu ihr zurückgekehrt.

Das sagt doch alles, oder?

Die Refertilisierung verlief gut, der Frauenarzt war zuversichtlich und tatsächlich, schon im nächsten Urlaub, an einem warmen Tag am Strand, entstand ihre erste gemeinsame Tochter. Stefan konnte es kaum glauben und Anne hütete sich davor, ihn in irgendeiner Weise zu verärgern. Sie bekochte ihn, räumte hinter ihm her, versuchte ihm alles recht zu machen und jeden Wunsch von den Augen abzulesen. Als es dann so weit war, bestand er darauf, dass es dieses Mal eine ambulante Geburt sein sollte. Dabei durften Mutter und Baby schon kurz nach der Geburt wieder nach Hause. Stefan wartete geduldig draußen im Wartezimmer, blätterte in Frauenmagazinen, und als Melanie dann zur Welt kam, vergötterte er sein kleines, perfektes Mädchen über alles. Seine kleine Prinzessin.

Sein Glück stand ihm ins Gesicht geschrieben und Anne war sehr stolz darauf, wie gut sich zwischen ihnen beiden alles entwickelte. Die Mühe hatte sich also gelohnt. Stefan hielt Anne die Tür auf und sie freute sich, wie lieb er sich um sie kümmerte.

Die Fahrt über verbrachten sie glücklich und schweigend. Zu Hause angekommen, wunderte Anne sich, dass bei den Nachbarn im Garten eine kleine Feier im Gange war. Es war ungewöhnlich für einen Wochentag. Stefan erklärte ihr, dass er sie Melanie zu Ehren organisiert habe. Anne brauche auch gar nicht hinübergehen, doch bevor er hingehe, solle sie ihm noch etwas kochen. Er habe Hunger bekommen. Anne traute ihren Ohren nicht! Und während sie ihm innerlich kochend sein Mittagessen zubereitete, saß er ruhig am Tisch und ließ sich bedienen. Als wäre es das Normalste auf der Welt. Melanie war zu diesem Zeitpunkt gerade einmal drei Stunden alt.

Ein gutes Jahr später kam Daniela zur Welt. Stefan entwickelte sich wirklich zu einem sehr liebenden und fürsorglichen Vater. Nur die Jungs waren ihm nach wie vor ein Dorn im Auge. Sie wollten weder auf ihn hören noch gehorchen, sondern verhielten sich ihm gegenüber schnippisch und frech. Damit konnte Stefan überhaupt nicht umgehen. Immer öfter platzte ihm der Kragen. Je zorniger er wurde, desto lauter lachend rannten die Jungs vor ihm weg. Er drohte zwar damit, sie allesamt hochkant rauszuschmeißen, aber sie nahmen ihn nicht ernst. Panisch sah sich Anne wieder mit ihrer Vergangenheit konfrontiert. Ständig musste sie zwischen Ehemann und Kindern vermitteln. Schon wieder. Sie flehte Patrick und Derrick an, doch Nachsicht mit ihrem Stiefvater zu haben. Er würde doch so vieles für sie machen und ihnen ein gutes Leben bieten. Dann versuchte sie Stefan zu beruhigen und bat ihn inständig, seinerseits mehr Geduld für die Jungs aufzubringen. Doch alles vergebens. Die Spannung zwischen ihnen verschärfte sich zusehends. Eine miese Stimmung legte sich wie ein dunkler Schatten über die ganze Familie. Stefan beschäftigte sich nur noch mit seinen Töchtern. Melanie entsprach mit ihrer ruhigen Art ganz seinen Vorstellungen eines braven Kindes und er trug sie auf Händen. Daniela hingegen war ihm zu eigensinnig und aufgeweckt. Auch wenn sie oft alleine in ihrem Zimmer spielte und fröhlich vor sich hin summte, störte es ihn. Und als sie eines Morgens aus heiterem Himmel am Frühstückstisch begann, allen etwas vorzulesen, starrte Stefan seine erst vier Jahre alte Tochter an, als hätte er einen Geist gesehen. Mit der Zeit distanzierte sich Stefan von beiden Töchtern und zeigte immer weniger Verständnis für ihre Bedürfnisse. Egal was, alles wurde verboten. Daniela protestierte lautstark dagegen. Melanie hingegen zog sich komplett in ihr Zimmer zurück und hielt sich einfach aus allem raus. Dann gab es zumindest keinen

Ärger, fand sie. Dann konnten sich Mama und Papa draußen streiten, wie viel sie wollten. Und Anne und Stefan stritten sich immer öfter. Über Rechnungen, den Haushalt oder darüber, dass das Essen nicht schmeckte. Anne betete inständig, es möge alles wieder besser werden, und sie versuchte alles, um Stefan zu besänftigen. Sie las ihm jeden Wunsch von den Augen ab, kochte nur noch, was er gerne mochte, und achtete sehr darauf, dass immer alles schön ordentlich aufgeräumt war. Als es dann im Bett auch nicht mehr richtig klappen wollte, drehte sich Stefan gleichgültig zur Seite und distanzierte sich von seiner Frau. Es schien ihm nicht mehr wichtig zu sein. Mit der Zeit war es Anne sogar lieber, keine Zärtlichkeiten mehr mit Stefan austauschen zu müssen. Er vernachlässigte nicht nur sie, sondern auch sich selbst. Er hörte auf, sich zu pflegen, duschte immer seltener und Anne ekelte sich vor seinem starken Körpergeruch. Beruflich ging es bei Stefan schon lange bergab und so verbrachte er seine Zeit hauptsächlich zu Hause vor dem Fernseher. Anne musste erkennen, dass sie auch mit ihm nicht das große Los gezogen hatte. Trotzdem hielt sie an ihrer Illusion fest, als würde sie sich an einen Strohhalm klammern, der sie vor dem Ertrinken retten sollte. Sie kannte es nicht anders.

13
... der Bruch

Die Jahre vergingen. Nichts änderte sich. Ausnahmen wurden zu Gewohnheiten und Versprechen zu Enttäuschungen. Anne geriet immer mehr in einen Zwiespalt mit sich selbst und ihren eigenen Werten. Alles, wofür sie einmal gekämpft hatte, war dahin. Ihre Träume und Hoffnungen lagen in Trümmern. Doch auch daran konnte man sich gewöhnen. Die Routine des Alltags wurde lediglich neu geschrieben. Anne versorgte ihren Mann, kümmerte sich um den Garten, den Haushalt, die Erziehung der Kinder. Sie half bei den Hausaufgaben, ging zu den Elternversammlungen und steckte jeden Cent, den sie bei der Post verdiente, in die Familie. Und doch war alles, was sie machte, in Stefans Augen bedeutungslos. Nach jedem Streit und verletzenden Worten behielt Anne stets tapfer ein Lächeln im Gesicht, als wäre es ein durchsichtiger, fester Panzer, der sie vor allem bewahren könnte. Niemand schien zu bemerken, wie zerbrechlich dieses *lustige Frauchen*, wie sie von vielen genannt wurde, innerlich doch war. Sie wurde für ihre Ausdauer gelobt, ihre Kraft und die Fähigkeit, alles so leicht wegzustecken. Anne wurde eine wahre Meisterin im Verbergen ihrer Bedürfnisse und überspielte ihre Gefühle mit einem Lächeln auf den Lippen, während sie sich für die Herabwürdigungen ihres Mannes zu rechtfertigen versuchte. Und man glaubte ihr. Niemand ahnte, was in Anne wirklich vor sich ging, während sie charmant auf mitleidige Fragen antwortete:

„Stefan meint das nicht so."

„Stefan hat heute einfach einen schlechten Tag."

„Das war doch keine Absicht."

„Stefan hat es momentan nicht leicht."

„Manchmal drückt er sich nur unglücklich aus."

„Was sollte er auch ohne mich machen?"

„Jemand muss sich doch um ihn kümmern!"

Als Patrick begann, sich immer streitsüchtiger zu benehmen, kam eine weitere große Sorge auf Anne zu, mit der umzugehen sie erst lernen musste. Ihr ältester Sohn, vollkommen ohne Vaterfigur aufgewachsen, verhielt sich zunehmend auffällig in der Schule. Er war seinen Mitschülern gegenüber aggressiv und prügelte sich im Pausenhof. Zusammen mit seinen Kumpels klaute er Zigaretten, steckte Mülltonnen in Brand und trieb allerlei Unfug. Patrick rebellierte. In der Schule. Zu Hause. Überall. Gegen alles und jeden. Und es kam immer mehr Ärger dazu. Anne war am Rande der Verzweiflung. Stefan versagte ihr jede Hilfe bei den Jungs und auch die Schulleitung wusste keinen Rat. In ihrer Hilflosigkeit wandte sich Anne schlussendlich wieder an das Jugendamt. Patrick bekam daraufhin einen Betreuer zugewiesen, der ihm in der Schule und zu Hause zur Seite stand und dabei half, sich wieder einzugliedern. An zwei Tagen in der Woche arbeitete er intensiv mit Patrick und seiner Wut. Langsam glaubte Anne Fortschritte zu erkennen und wagte zu hoffen, dass sich nun wieder alles zum Besseren wenden würde. Sie selbst bekam ebenfalls Hilfe vom Jugendamt, was Stefan überhaupt nicht recht war. Er mochte keine fremden Menschen bei sich zu Hause, die ihre Nase in Angelegenheiten steckten, die sie nichts angingen. Anne war für die Unterstützung überaus dankbar. Frau Magda, die Sozialarbeiterin des Jugendamtes, half im Haushalt mit, begleitete sie bei Einkäufen und war ihr auch mental eine große Stütze. Die beiden Frauen, so unterschiedlich sie auch waren, verstanden sich auf den ersten Blick. Und wenn Stefan aus dem Haus war, konnten sie sich ungestört unterhalten.

Während sie eines Tages die Wäsche gemeinsam machten, brachte Frau Magda Anne das Konzept der liebevollen Konsequenz bei. Sie erklärte ihr, wie wichtig konstante Regeln im Leben von Kindern seien, damit sie mit Führung und Grenzen in einem sicheren Umfeld ihre eigenen Erfahrungen sammeln und ihre Persönlichkeit frei entfalten könnten. Durch dieses Gespräch wurden Anne in gewisser Weise die Augen geöffnet. Sie lernte sehr viel über sich selbst, über ihre Kinder und darüber, welche Fehler sie bisher gemacht hatte. Von diesem Tag an erklärte Anne ihren Kindern stets den Grund für die Bestrafung, damit sie verstehen und lernen konnten, wo sie die Grenze überschritten. Und sieh an, es wurde besser. Doch nicht nur das. Durch Frau Magda fühlte sich Anne in ihren Werten bestärkt. Sie begann, Stefan mit anderen Augen wahrzunehmen und ihr Zusammenleben mit ihm zu hinterfragen. Und das war Stefan gar nicht recht. Er reagierte sehr eifersüchtig und beschuldigte die Sozialarbeiterin, ihre Beziehung kaputt zu machen. Als er bemerkte, dass Anne sich davon nicht beeindrucken ließ, trug er dieses Verhalten nach außen. Zu Beginn hatte Anne ihn vor anderen in Schutz genommen, doch mit der Zeit hörte sie auf, sich Entschuldigungen für ihn auszudenken. Sollte er sich doch bedroht fühlen!

Anne war das mittlerweile egal. Sie hatte endlich erkannt, wie schlecht Stefan sie behandelte und wie viel sie selbst tat und in diese Familie investierte, ohne dafür von ihm geschätzt zu werden. Mutig stellte sie sich ihrem verständnislosen Ehemann in den Weg und begann Respekt einzufordern für alles, was sie für diese Familie leistete. Anne hatte größere Sorgen, als sich um das kleinkarierte Ego ihres Ehemannes zu kümmern. Sollte er doch machen, was er wollte. Sie konnte sich nicht um alles kümmern. Denn Anne musste eine Entscheidung treffen, die ihr nicht leichtfiel. So sehr sich Patricks Betreuer auch bemühte, die Therapie schien nichts zu bewirken. Es wurde von mehreren Seiten vorgeschlagen, ihn temporär in eine Einrichtung für schwer erziehbare Kinder einzuweisen. Der Tag, an dem ihr Patrick in dieses Heim gebracht wurde, brach Anne das Herz. Es war an einem Samstagnachmittag im Sommer. Stefan saß wie immer teilnahmslos vor dem Fernseher. Derrick stand an ihrer Seite und hielt ihre Hand, während Patrick von zwei Sozialarbeiterinnen zum Auto begleitet wurde. Anne sah ihnen traurig nach. Wie eifrig und schlau er als kleiner Junge doch gewesen war, als er mit seinen großen, strahlend blauen Augen jedem Auto hinterhergesehen und sie alle stolz nach ihrem Logo benannt hatte.

Und nun stieg er in ein Auto, dessen Marke Anne nicht kannte.

Warum konnte ich ihn nicht beschützen?

„Mach dir keine Sorgen. Ich bin jetzt für dich da", sagte Derrick als könnte er ihre Gedanken lesen, und drückte dabei fest die Hand. Er vermisste seinen älteren Bruder schon jetzt. Gemeinsam sahen sie traurig dem Auto hinterher, das Patrick für ungewisse Zeit wegbringen sollte. Anne zog Derrick aufmunternd an sich und er strahlte sie liebevoll mit seinen ebenfalls blauen Augen an. Derrick war schon ein außergewöhnlicher Junge! Stefan kommentierte die Szene abfällig aus dem Wohnzimmer heraus, und als Anne an ihm vorbei in die Küche ging, um den Abwasch zu machen, rief er ihr zynisch hinterher:

„Du solltest froh sein! Jetzt ist einer weniger, um den du dich kümmern musst."

Anne hielt einen kurzen Moment inne, bevor sie weiterging. Dann nahm sie die dreckigen Töpfe aus dem Spülbecken, trug sie ins Wohnzimmer, baute sich vor ihrem Mann auf und ließ alles vor ihm auf den Boden fallen. Stefan konnte gar nicht fassen, was sein braves Frauchen da gerade für eine Show abzog. So kannte er sie gar nicht! Mit offenem Mund starrte er sie an. Dann zog Anne ihre Schürze aus, schleuderte sie ihm ins Gesicht, drehte sich auf dem Absatz um, schnappte sich Stefans Brieftasche von der Kommode, nahm Derrick und die Mädchen und ging mit ihnen zum Eisessen in die Stadt. Jeder durfte den Becher bekommen, den er wollte. Denn das hatten sie sich verdient.

Kurze Zeit später ließen Anne und Stefan sich scheiden. Die Ehe war einfach nur kaputt. Anne kämpfte mit letzter Kraft für das alleinige Sorgerecht, doch Stefan ließ das nicht zu. Nur zu gerne hätte sie auch diese Tür einfach hinter sich geschlossen. Und so teilten sie sich das Sorgerecht für die Mädchen. Anne fand sich damit ab. Viel schlimmer konnte ihr Verhältnis zu Stefan nicht mehr werden. Mit den wenigen Mitteln, die sie zur Verfügung hatte, versuchte sie, ihren Kindern ein anständiges Leben zu bieten. Anne fand eine kleine Wohnung in der Nähe ihrer Arbeit und der Schule, in die ihre Kinder gingen. Sie arbeitete auch wieder Vollzeit bei der Post. Am Wochenende half sie im Café um die Ecke aus. Und trotzdem reichte das Geld an allen Ecken und Enden nicht. Immer wieder bat sie Stefan, ob er nicht etwas mehr Unterstützung geben könnte, doch er sah das nicht ein und beschuldigte sie, zu viel von seinem Geld für Derrick oder sich selbst auszugeben. Als Stefan dann arbeitslos wurde, musste Anne beim Jugendamt um

Unterstützung ansuchen. Wieder einmal. Papa steckte ihr manchmal etwas Geld zu, wenn ihre Mutter nicht hinsah. Diese meinte, sie habe sich diesen Schlamassel selbst zuzuschreiben und müsse nun sehen, wie sie da wieder rauskomme.

Als Papa ein halbes Jahr später plötzlich verstarb, brach der letzte Halt in Annes Leben weg. Jetzt hatte sie nur noch sich selbst und die Kinder. Und sie vermisste ihren Papa so sehr. Die Beerdigung war sehr feierlich. Nur im kleinsten Kreis der Familie. Anne legte einen blühenden Ast von Papas umsorgtem Birnbaum auf seinen Sarg. Sie fand, das passe am besten zu ihm und er würde sich sicherlich sehr darüber freuen. Leise verabschiedete Anne sich so von ihm und wünschte ihm eine gute Reise, wo immer er jetzt sein mochte. Ihren Bruder Dirk hätte sie fast nicht erkannt, als er sich neben sie stellte. Er wirkte sehr traurig und hielt ebenfalls einen blühenden Ast von Papas Birnbaum in seiner Hand. Wie ähnlich sie sich doch in diesem Moment waren! Anne sah sich um und ihr fiel auf, wie ihre Mutter in einem scheinbar unbeobachteten Moment sanft und liebevoll über den Sarg streichelte. Da empfand Anne Mitleid mit ihr. Sie musste Papa wirklich geliebt haben. Sie ging zu ihr hinüber und legte ihr tröstend und mitfühlend eine Hand auf die Schulter. Anne versprach ihr leise, immer für sie da zu sein, wenn sie sie brauchen würde. Und Mama tätschelte dabei zärtlich ihre Hand. Anne konnte ja nicht ahnen, wie sehr sich ihre Mutter an sie klammern würde. Ständig war sie bei ihr, wie ein lästiger Schatten, der sich nicht abschütteln ließ. Es wurde schlichtweg erdrückend. Schleichend drängelte sich ihre Mutter ungefragt in ihr Leben und versuchte auf penetrante Art und Weise, alles darin zu kontrollieren. Wie sie es schon immer gemacht hatte. Natürlich hatte Anne Mitleid mit ihrer Mutter. Sie musste sich schrecklich einsam fühlen. Auch sie vermisste Papa sehr. Doch das Versprechen, das sie ihr gegeben hatte, wurde rasch zu einer erdrückenden Verpflichtung. Jeden Sonntag nach dem Frühstück, um zehn Uhr, musste sie ihre Mutter anrufen. Musste sich ihren Fragen stellen. Sich ihren Kommentaren ausliefern. Sich demütigen und belehren lassen. Anne musste ihre Ratschläge gutheißen und ihr versichern, dass sie sie auch verstanden habe. Während des ganzen Telefonates hagelte es nur Kritik und Beleidigungen. Wenn Anne einmal von sich erzählen wollte oder gerne mit jemandem über ihre Sorgen, Ängste oder Wünsche geredet hätte, unterbrach ihre Mutter sie scharf. Annes Gedanken und Gefühle schienen ihr völlig egal zu sein.

„So kann das doch gar nicht gewesen sein!"

„Das bildest du dir nur ein!"

„Du wolltest ja nicht auf mich hören!"

„Das hast du dir alles selbst zuzuschreiben!"

„Ich habe es dir ja gesagt."

Anne schaffte es nicht, sich gegen ihre Mutter zu behaupten. Entmutigt und ausgelaugt hielt Anne das Telefon in der Hand, ihr Magen verkrampfte sich, das Bild vor ihren Augen verschwamm und kraftlos lehnte sie sich gegen die Wand. Kaum hatte sie sich mit ihren Kindern ein einigermaßen angenehmes Leben aufgebaut, war es ihre Mutter, die ihr wie ein Vampir die letzte Kraft aus dem Körper saugte. Nur beim Gedanken daran, ihre Mutter anrufen zu müssen, wurde ihr schon schlecht und es schnürte ihr die Kehle zu. Panisch war sie darauf bedacht, dass ihre Kinder bis dahin gefrühstückt hatten und sich alleine in ihren Zimmern beschäftigten, damit sie die Demütigung nicht mitbekamen. Anne selbst frühstückte sonntags schon gar nicht mehr, aus Sorge, sich später übergeben zu müssen. So schlimm wurde es. Es war aussichtslos. Mama hatte immer recht. Und Anne nicht. Darauf lief es hinaus. Jedes Mal. Jeden Sonntag. Zehn Uhr. Und wehe, sie war nicht pünktlich.

Anne sah besorgt auf die Uhr an der Wand. Es war Sonntag. Kurz vor dem obligatorischen Anruf.

Die Zeiger standen auf zehn vor zehn. Eigentlich sollte Stefan die Mädchen abholen kommen, um mit ihnen den Tag zu verbringen. Es war das erste Mal, dass er sich seit der Scheidung um sie kümmern wollte. Bisher war ihm immer etwas dazwischengekommen. Gereizt blickte Anne aus dem Fenster. Endlich sah sie, wie Stefan um die Ecke bog. Auf dem Beifahrersitz saß eine ihr unbekannte Person. Anne konnte nicht genau erkennen, ob es ein Mann oder eine Frau war. Irgendwie schien beides nicht zu passen. Es war ihr überhaupt nicht recht, dass Stefan diese fremde Person mitbrachte. Der Gedanke an Dieter und Angelika keimte auf beängstigende Weise kurz auf und Anne ballte unbewusst die Hand zur Faust, während sie Stefan angespannt die Tür öffnete. Anne wollte auf keinen Fall, dass er die Mädchen mitnahm. Nicht so. Doch Stefan ließ sie gar nicht erst zu Wort kommen. Ohne großes Aufsehen gab er ihr zu verstehen, nicht mehr Teil ihres Lebens sein zu wollen. Er schloss erleichtert mit nüchternen Worten:

„Es beruhigt mich, dass die Mädchen in deinen Händen sind. Leb wohl."

Dann drehte er sich auf dem Absatz um und ging. Melanie, Daniela und Derrick waren neugierig zur Tür gekommen und Anne umarmte sie alle drei gleichzeitig. Sie konnte ihr Glück kaum fassen und ein riesiger Stein fiel ihr vom Herzen. Endlich konnte sie auch dieses Kapitel abschließen und nach vorne blicken. Liebevoll erklärte sie Melanie und Daniela, dass ihr Vater nicht wiederkommen würde.

„Jetzt gibt es nur noch uns, aber wir schaffen auch das. Alles, was wir brauchen, haben wir hier in unserer Familie."

Derrick verkündete stolz, er sei nun der einzige Mann im Haus und werde alle beschützen. Mutig posierte er dazu mit erhobenen Armen und spannte demonstrativ seinen Bizeps an. So, wie es die Boxer machen. Stolz ging er auf und ab und versuchte, mit bloßen Händen die Tür aus den Angeln zu heben, um zu beweisen, wie stark er sei. Als sich die Tür dann tatsächlich bewegte, musste Anne doch einschreiten und Vernunft walten lassen. Sie fragte ihn, wie er sie denn ohne Tür beschützen wolle. Da brach ein allgemeines Gelächter aus. Als sich dann alle wieder beruhigt hatten, gab es erst einmal heiße Schokolade mit Keksen in der Küche. Es gab einen Grund zu feiern. Jeder half mit. Deckte den Tisch, holte die schönen Tassen aus der Vitrine oder faltete Servietten. Alle hielten zusammen, wie in einer richtigen Familie.

Der Anruf bei Annes Mutter fiel an diesem Sonntag aus. Und an jedem anderen auch. Anne hatte sich nun um ihre Familie zu kümmern. Dieses Mal wollte sie es richtig machen. Ohne Kompromisse. Ihre Mutter musste warten. Sie sprachen nie wieder miteinander.

Die Jahre vergingen. Annes kleine Familie wuchs immer enger zusammen. Als Patrick mit achtzehn aus der Klinik entlassen wurde, sollte er in einer Einrichtung für betreutes Wohnen vorübergehend einen Platz finden. Doch Anne nahm ihren Sohn entgegen dem Rat der Ärzte bei sich auf, um sich selbst um ihn zu kümmern. Sie fühlte sich stark genug, um auch das zu schaffen. Patrick war in der Zwischenzeit zu einem jungen Mann herangewachsen, den Anne nicht wiedererkannte. Und er wollte sich partout nicht an ihre Regeln halten. Egal was sie versuchte. So musste sie ihn schlussendlich ziehen lassen, so sehr sie ihn auch liebte. Sie hatte noch drei andere Kinder, um die sie sich kümmern musste. Patrick war von nun an auf sich alleine gestellt. Ein junger Mann. Wütend. Verletzt. Ungefestigt. Auf der Suche nach seinem Platz in der Welt.

14
... Weg ins Ungewisse

Anne war alleine. Vor wenigen Minuten hatte sie sich am Bahnsteig mit einer innigen Umarmung von Daniela verabschiedet und ihr für das Musical-Studium, für das sie sich entschieden hatte, viel Erfolg gewünscht. Melancholisch winkte sie dem Zug noch lange hinterher. Anne würde ihre jüngste Tochter nun lange Zeit nicht mehr sehen. Das letzte Küken hatte das Nest verlassen. Melanie war vor einem Jahr ausgezogen, als sie einen Mann kennengelernt und sich unsterblich in ihn verliebt hatte. Anne freute sich sehr für sie und ganz besonders darüber, dass der Kindheitstraum ihrer Tochter in Erfüllung ging. Ihr Freund besaß einen kleinen Bauernhof und Melanie machte es eine Menge Freude, sich neben Hühnern, Schafen und Ponys auch um streunende Katzen und Hunde zu kümmern. Derrick war schon vor Jahren ausgezogen und stand erfolgreich auf eigenen Beinen. Annes erstes Enkelkind war ebenfalls unterwegs.

Auch Patrick fand seinen Weg im Leben. Nach der schwierigen und harten Zeit, die er anfangs hatte, freute sich Anne sehr darüber. Im Nachhinein hätte sie sich gewünscht, mehr Kraft für ihn gehabt zu haben. Nach all den vielen Schwierigkeiten, denen er begegnet war, wünschte sie ihm von allen am meisten die Ruhe und Zufriedenheit, für die sie selbst so lange hatte kämpfen müssen. Es war sehr schmerzhaft, mitanzusehen, wie eines der eigenen Kinder es so schwer hatte. Anne war sehr stolz darauf, wie ihre Kinder auf ihre eigene Art und Weise ihren Platz in der Welt fanden und sich zu starken und außergewöhnlichen Persönlichkeiten entwickelten. Sich selbst hatte sie vor langer Zeit das Versprechen gegeben, nicht so zu sein wie ihre eigene Mutter und ihren Kindern stets einen Hafen der Sicherheit und Unterstützung zu bieten. Beruhigt und zuversichtlich konnte sie ihr Nesthäkchen ziehen lassen. Anne fühlte, wie sich die Einsamkeit in ihr breitmachte, als sie dem Zug hinterherwinkte. Zu Hause würde nun niemand mehr auf sie warten. Doch schon im nächsten Moment spürte sie, wie ein zartes Gefühl der Freiheit zu ihr zurückkehrte. Bisher hatte sie nur für die Familie gelebt. Erfüllt von diesem neuen Gefühl stieg sie in die Straßenbahn ein und machte sich auf den Heimweg. Verträumt sah sie aus dem

Fenster und beobachtete die vorüberziehende Gegend. Es war ein wunderschöner Abend. Kurz nach der Dämmerung. Ein paar Sterne waren aufgegangen und der Vollmond schimmerte leicht rosa durch eine zarte Wolkendecke. Aus ihrer Tasche zog Anne einen Brief, den sie vor wenigen Tagen an ihre Mutter geschrieben hatte. Sie hielt ihn lange in den Händen. Seit Jahren hatten sie keinen Kontakt mehr zueinander. Vor ein paar Tagen hatte überraschend ihr Bruder Dirk angerufen. Von ihm hatte sie erfahren, dass Mama im Krankenhaus lag. Etwas mit dem Herzen. Es gebe aber keinen Grund zur Sorge, sie sei bereits auf dem Weg der Besserung. Höflich bedankte sich Anne für die Nachricht, bevor sie den Hörer wieder auflegte. Anne hatte sich auf den Stuhl gesetzt und mit sehr gemischten Gefühlen lange darüber nachgedacht.

Empfinde ich gar nichts mehr für sie?
Kann es sein, dass ich sie hasse?
Werde ich ihr je verzeihen können?
Bin ich eine schlechte Tochter?
Ich fühle … nichts.

Annes Blick lag wieder auf dem Brief in ihren Händen und sie überlegte, was sie damit machen sollte. In diesem Moment fuhr die Straßenbahn die Station in der Nähe des Krankenhauses an, in dem ihre Mutter lag. Kurz entschlossen stieg sie aus. Sie kannte das Krankenhaus. Da war sie als Kind mit Papa schon einmal gewesen. Am Abend war das Gebäude wie leergefegt. Ein paar einzelne Pfleger streiften durch die Gänge. Als Anne das Zimmer ihrer Mutter betrat, schlief diese bereits. Anne stand reglos da und betrachte sie lange. Man sah ihr das Alter gar nicht an. Ihre Haut war immer noch samtig weich und nur ein paar einzelne weißgraue Strähnen durchzogen ihr volles, noch immer rotblondes Haar. Sie schien sich kaum verändert zu haben. Anne bedauerte, wie seinerzeit alles gelaufen war, doch sie konnte ihr bis heute nicht verzeihen. Damals hatte sie den Kontakt zu ihr abbrechen und sie ganz aus ihrem Leben streichen müssen, um sich selbst zu schützen und ihr eigenes Leben auf die Reihe zu bekommen. Anfangs war noch so viel Zorn und Wut dabei gewesen, wenn sie an sie dachte, doch hier, am Krankenbett ihrer Mutter, fühlte Anne erstaunlicherweise … Erleichterung. Sie legte den Brief auf den kleinen Nachttisch, küsste ihre Mutter sanft auf die Stirn und ging so leise, wie sie gekommen war, wieder zur Tür hinaus. Ihre Mutter konnte den Brief lesen, wenn sie am Morgen aufwachen würde. Alles, was gesagt werden sollte, stand darin. Nun war sie an der Reihe.

Auf dem Weg nach draußen hing Anne ihren Gedanken nach. Vor fast genau einem Jahr war sie dieser Frau begegnet, die immens dazu beigetragen hatte, dass sich ihr Leben von Grund auf änderte. Anne war zufällig mit derselben Straßenbahn unterwegs gewesen, als sie beobachtete, wie der Frau das Portemonnaie aus ihrer Manteltasche rutschte, während sie ausstieg. Anne hob es schnell auf und lief ihr hinterher, obwohl es nicht ihre Haltestelle war. Die Frau war nicht zu übersehen in ihrem weiten Mantel mit buntem Patchwork-Muster, dazu trug sie einen Hut mit breiter Krempe. Anne hatte keine Mühe, sie einzuholen. Als sie sie von hinten ansprach und ihr das Missgeschick mitteilte, war die Frau sehr erleichtert. Das sei ihr noch nie passiert! Als kleines Dankeschön lud sie Anne auf einen Cappuccino ins nächste Café ein. Sie verstanden sich auf Anhieb. Durch eine Aneinanderreihung von Zufällen saßen sie nach vier Stunden immer noch dort und Anne breitete ihr ganzes Leben vor ihr aus. Die Zeit verging wie im Flug. Es stellte sich heraus, dass die Frau Psychologin war. Sie hörte Anne aufmerksam zu und nahm sich intensiv Zeit für ihre Geschichte. Anne fühlte sich so verbunden mit ihr. Sogar ihre Namen ähnelten sich. Anna sprach ihr einfach aus der Seele. In der kurzen Zeit des Gespräches eröffneten sich Anne völlig neue Blickwinkel und Perspektiven. Diese Frau schaffte es mit wenigen einfachen Worten, ihre Lebensfreude neu zu entfachen. Am Ende dieser etwas ungewöhnlichen Sitzung verabschiedeten sie sich mit einem langen Händedruck und Anna bot ihr an, sie auch weiterhin psychologisch zu unterstützen, wenn sie das wünsche. Ohne auch nur im Geringsten zu zögern, nahm Anne dankend an. In den folgenden Monaten kam es zu vielen weiteren, tiefgehenden Gesprächen. Durch Annas Einfühlungsvermögen veränderte sich Annes Leben komplett und verwandelte sich immer weiter zum Guten. Zu genau dem Leben, das sie sich immer gewünscht hatte. Anne wurde selbstbewusster, glücklicher und zufriedener. Als Anne von der Krankheit ihrer Mutter erzählte, riet ihre Psychologin zu diesem Brief, um sich alles von der Seele zu schreiben. Was sie dann damit mache, bleibe ihr überlassen. Anfangs wusste Anne noch nicht so recht, wie sie den Brief beginnen sollte, doch dann sprudelten die Worte nur so aus ihr heraus. So als wären es ungeweinte, reinigende Tränen, die endlich befreit werden wollten. Und so fühlte es sich auch an, als Anne das Krankenhaus verließ. Frei. Sie hatte zum ersten Mal in ihrem Leben keine Angst vor der Zukunft. Und die Vorstellung, ihr eigenes Leben frei zu gestalten, ohne Verpflichtungen anderen gegenüber, vermittelte ihr eine tiefe innere Ruhe und Zufriedenheit. Anne fühlte sich so sicher und stark, wie sie es noch nie zuvor in ihrem Leben empfunden hatte. Nun hörte sie auch wieder diese zarte innere Stimme, die ihr leise zuflüsterte und die seit ihrer Kindheit verstummt war. Anne gab sich das Versprechen, sich nun endlich um sich selbst zu kümmern. Sich aus dem Gefängnis zu befreien, in das sie sich all die Jahre gesperrt hatte. Ein paar Krankenpfleger drehten sich nach Anne um, als sie weinend und mit einem sorgenfreien Lächeln im Gesicht das Krankenhaus verließ. Anne bemerkte weder sie noch die Tränen auf ihrer Haut. Sie spürte nur noch die Freiheit in ihrem Herzen. Als sich die automatischen Türen vor ihr öffneten, war es, als würde sie in ihr neues Leben eintreten. Als würde es sie willkommen heißen und ihr den Weg bereiten. Und Anne ging entschlossen hindurch. Mit einem leichten und befreienden Gefühl trat sie nach draußen. Der Mond schien heller als zuvor. Anne hatte den Eindruck, er leuchte heute nur für sie. Sie konnte das pure Leben in sich spüren, sie konnte es riechen und einatmen. Anne zog den Mantel fest um sich, strich sich die Haare aus dem Gesicht und schritt selbstbewusst Richtung Bahnsteig.

Anne dachte erfüllt an den letzten Satz, den ihre Therapeutin ihr nach der letzten Sitzung mit auf den Weg gegeben hatte. Nun fühlte sie ihn auch.

„*Es sind dir Flügel gewachsen. Fliegen musst du alleine.*"

15
... Brief an Mama

Hallo Mama,

ich schreibe dir, weil wir beide nie über alles reden konnten. Ich konnte so nicht weitermachen. Es war zu viel für mich. In den regelmäßigen Pflichtanrufen hagelte es nur Beleidigungen und Vorwürfe. Am Ende weinte ich immer und fühlte mich schlecht. Es wurde so schlimm, dass ich sonntags beim Aufwachen bereits Bauchweh und Angst hatte. Als ich dann mit meinen Kindern allein war, beschloss ich, dich nicht mehr anzurufen. Dich aus meinem Leben zu streichen. Ich brauchte die Kraft für meine Familie. Du hast mir nicht gutgetan. Es hätte mich zerstört. Mich und meine Familie. Es war schon zu viel kaputt.

Ich habe all die Jahre so viel über mich ergehen lassen. Als Kind hast du mir immer wieder zu verstehen gegeben, dass du mich eigentlich nicht haben wolltest. Du wolltest viel lieber Söhne. Du hast mich gedemütigt, beschimpft und geschlagen. Du warst immer so wütend auf mich und ich verstand nicht, warum. Das habe ich bis heute nicht verstanden. Für mich war es sehr schlimm, dass du mich dazu gezwungen hast, Papa zu belügen. Ich wollte das nicht. Du hast gesagt, es sind nur Notlügen und das ist ok. Das war es für mich aber nicht. Ich fühlte mich furchtbar schlecht dabei. Es war nicht richtig, was du da von mir verlangt hast.

Ich habe mein ganzes Leben lang mit deinen Selbstmorddrohungen gelebt. Erinnerst du dich noch, als du sagtest, du würdest später nicht mehr da sein? Du würdest dich auf dem Dachboden erhängen? Als kleines Mädchen verstand ich nicht einmal, wie du das gemeint hast. Ich hatte solche Angst, dass du uns alleine zurücklassen würdest. Dir sollte nichts passieren. Ich hatte dich doch so lieb! Es war einfach nicht fair von dir. Ich saß so oft in der Schule und hatte Angst, dass du dir etwas antun würdest, während ich nicht da war. Ich dachte darüber nach, wie du das gemeint haben könntest, und bekam keine Antwort darauf. Ich konnte auch niemanden fragen, der mir helfen konnte. Ich habe mir eingeredet, es sicher nur falsch verstanden zu haben. Aber ich wusste, dass ich es richtig verstanden hatte. Instinktiv wusste ich, was du damit gemeint hattest. Und ich hatte Angst, dass du es wirklich tun würdest. Es war die-

selbe Angst, die ich später vor unseren Telefonaten hatte. Ich fühlte mich wie gelähmt dabei. Ausgeliefert.

Du sagtest mir, dass ich eine schlechte Mutter und Ehefrau bin. Du sagtest mir, dass ich eine schlechte Tochter bin. Du sagtest mir, wie viel ich falsch mache und dass ich zu dick bin – „ein Koloss", wie du es gerne ausgedrückt hast. Wenn du zu Besuch gekommen bist, wurde ich von dir herumkommandiert. Anne, hol dies, Anne, ich will das, Anne, lach nicht so doof, Anne, kümmere dich doch mal. Weißt du eigentlich, wie ich mich dabei fühlte? Ich fühlte mich wertlos, wie ein Nichts. Du hast mich immer eine Klasse unter dir gesehen. Ich war nie gut genug. Ich war nie erwünscht und ich fühlte mich nie als deine Tochter. Hast du mich denn gar nicht geliebt? Sehr schlimm war für mich auch, wenn ich im Bad war und du einfach hereingekommen bist. Ohne anzuklopfen. Du hast so eine durchdringende Art, einen anzuschauen, dass ich mich total nackt fühlte. Hässlich. Minderwertig. Das war sehr unangenehm. Ich fühlte mich furchtbar. Und gekrönt hattest du diesen Blick mit abfälligen Bemerkungen wie: Bist du ein Bomber geworden. Ein richtiger Koloss. Du hast so dicke Schinken, die schieben sich beim Laufen hoch und runter. Mach dich doch mal hübscher zurecht …

Das ist nicht schön zu hören. Papa liebte mich immer so, wie ich war. Dir habe ich nie genügt. Aber du bist meine Mutter und auf eine gewisse Art werde ich dich immer lieben. Es tut mir leid, dass du im Krankenhaus bist. Es tut mir leid, dass du krank bist. Es tut mir aber nicht leid, dich aus meinem Leben gestrichen zu haben. Ich musste das machen, um mich und meine Kinder zu schützen. Dennoch wird dir meine Tür immer offen stehen. Die einzige Voraussetzung für mich ist, dass du mich angemessen und mit Respekt behandelst. Ich trage dir nichts nach, aber ich lasse mich nie wieder so behandeln. Ich wünsche mir, dass du mich durch diesen Brief vielleicht besser verstehst. Vielleicht überdenkst du all diese Dinge und erkennst, wie furchtbar für mich ein Leben in Angst und ohne Liebe war. Wenn du bereit bist, auf mich zuzugehen, bin ich da.

Anne

Epilog

Hallo, ich bin S. Momentan sitze ich am Pool in der Türkei, lasse die Sonne auf meine Haut scheinen und genieße die Urlaubsstimmung in vollen Zügen. In Momenten wie diesen kann ich die Seele baumeln und meine Gedanken fliegen lassen. Mein Leben hat viele Höhen und Tiefen für mich bereitgehalten. Ich durfte mit meinen vier Kindern größtes Glück erfahren. Leider musste ich viel zu oft auch durch die Hölle gehen. Jetzt, im Herbst meines Lebens, kann ich wirklich sagen, dass ich glücklich bin. Ich bin der Meinung, dass es verschiedene Arten und Wege gibt, mit schlimmen Zeiten umzugehen. Meine persönliche Erfahrung und die vielen tiefen Gespräche mit meiner Therapeutin haben meine Meinung dazu geprägt. Ich habe gelernt, dass ich alles schaffen und sehr viel aushalten kann. Ich habe gelernt, dass es immer weitergeht – und dass es immer besser wird. Manche Menschen zerbrechen an ihren schlimmen Erfahrungen, andere macht es stark. Mich haben sie stark gemacht. Meine charakterliche Entwicklung und die Erkenntnisse, die damit einhergegangen sind, haben es mir möglich gemacht, bessere Entscheidungen zu treffen und zufriedener zu werden. Ich hätte mir nur gewünscht, schon viel früher den Absprung zu schaffen. Aber ich habe ihn geschafft, und das ist es, was zählt. Ich bin sehr stolz auf mich und kann es auch endlich sein. Ich darf mir Glück nun eingestehen, ohne mich dafür zu schämen. Jeder hat sich Glück im Leben verdient. Jeder.

Im Neuro-Linguistischen Programmieren (NLP), einer Sammlung von Methoden und Kommunikationstechniken, gibt es einen Ausdruck: *Moment of Excellence*. Das ist ein Augenblick, in dem alles stimmt und wir einfach nur Glück und Zufriedenheit fühlen. Ich habe es mir zur Aufgabe gemacht, in meinem Leben möglichst viele dieser Momente zu erleben. Schafft man es, lebt man im *flow*. Ich empfinde diese Momente als so erfüllend und bereichernd, dass mein Glück sogar auf andere überzuschwappen scheint. Rückblickend kann ich mit Stolz sagen, sehr viele dieser Momente genossen zu haben. Ich erinnere mich an jeden einzelnen und darf nachhaltig aus ihnen schöpfen. So, als wäre es mein eigener kleiner Glücksbrunnen. Ich lebe allein in einer schönen kleinen Welt, die ich mir selbst aus eigener Kraft erschaffen habe. Meine Wohnung wurde für mich ein Zuhause. Ich fühle mich dort geborgen und sicher. Ich habe drei Jobs, in denen ich Anerkennung und Glück finde. Sie machen mich glücklich, weil ich anderen Menschen gute Gefühle mitgeben kann. Ich habe eine tolle Familie und alles, was ich brauche. Dafür bin ich jeden Tag dankbar. Ich darf jedem mitgeben: Es braucht nicht viel, um glücklich zu sein. Es zählen die kleinen Dinge im Leben. Man muss nur anfangen, sie zu erkennen. Mit meiner Mutter konnte ich mich kurz vor ihrem Tod noch versöhnen, aber ich werde sie nicht vermissen. Mein Bruder hat mir an ihrem Totenbett noch gestanden, wie schlimm es war, von ihrer Liebe erdrückt zu werden. Ich gehe davon aus, er hat seinen eigenen emotionalen Rucksack zu tragen. Zu meinen ehemaligen Ehemännern pflege ich keinen Kontakt mehr. Keine Ahnung, was aus ihnen geworden ist. Es interessiert mich auch nicht. Ich trage ihnen nichts nach. Diese Zeit ist schon lange vorbei. Und sie ist deshalb vorbei, weil sie mich nicht mehr belastet. Es freut mich, dass ich es geschafft habe, meinen Kindern eine gute Mutter zu sein und ihnen schlussendlich eine bessere Familie zu bieten als jene, in der ich aufgewachsen bin. Gerne hätte ich ihnen so viel erspart. Vor allem meinen Söhnen hätte ich gewünscht, nicht so viel Schlimmes durchmachen zu müssen. Ich habe mein Bestes getan – und vielleicht werde ich mir irgendwann auch verzeihen können, dass das Beste, das ich geben konnte, nicht ausgereicht hat. Heute stehen alle meine Kinder sicher auf eigenen Füßen und wir pflegen ein gutes und offenes Verhältnis zueinander. Es fühlt sich so an, als hätte ich in meinem Leben etwas Wertvolles geschafft.

Gerade in diesem Moment, hier am Pool in der Sonne, bin ich meinem Traum ganz nahe. Mit zunehmendem Alter habe ich gespürt, dass ich einmal am Meer alt werden möchte und vor einigen Jahren fühlte ich, welches es sein sollte. Hier in der Türkei fühle ich mich wie zu Hause und dieses Gefühl empfinde ich so intensiv, dass es einfach richtig sein muss. Und dann geschah das Unglaubliche! Mir wurde hier ein sehr guter Job angeboten. Ich dachte nicht lange darüber nach und nahm ihn, ohne zu zögern, an. Da stehe ich nun mit meinen gepackten Koffern und habe keine Zweifel, dass dies die beste Entscheidung für mich ist. Es scheint fast so, dass alles in meinem Leben mich dahin gebracht hat, wo ich heute bin. Dafür bin ich dankbar und ich kann mit Stolz sagen, dass ich alles Schlimme hinter mir gelassen habe und es mich heute nicht mehr belastet. Man kann Dinge nicht ungeschehen machen, aber man kann Frieden mit ihnen schließen. Wenn man das schafft, dann hat man es geschafft.

Dieses Buch, das im Kern meine Lebensgeschichte erzählt, soll eine Botschaft in die Welt senden: Egal welche schweren Prüfungen das Leben uns auferlegt, wenn wir uns entscheiden zu kämpfen und dem Leben die Stirn bieten, können wir am Ende sehr glücklich werden. Entscheiden wir uns dagegen, werden wir niemals wissen, ob es nicht doch vielleicht eine Chance gegeben hätte. Dieses Buch soll Mut machen und daran erinnern, niemals aufzugeben. Ich habe mich zu einem sehr positiven Menschen entwickelt. Seit ich vom Leben nur das Beste erwarte und meine Aufmerksamkeit ausschließlich darauf lenke, erfahre ich auch gute Dinge. Anders kann ich es mir nicht erklären. Ich habe kein Geheimrezept. Außer vielleicht, dass man den Mut dazu haben darf, glücklich zu sein. Der erste Schritt ist der schwerste. Dafür auch der wichtigste. Ich persönlich darf mittlerweile sagen, sehr viel Glück zu haben – außer mit Männern. Ich habe es noch nicht geschafft, wieder in einer Beziehung Vertrauen zu finden. Diese Wunde muss sich erst noch schließen. Aber das ist kein Problem, weil ich in mir sehr zufrieden bin. Eines Tages wird mir das

Universum den Mann vor die Füße werfen, mit dem ich alt werden kann. Daran glaube ich und daran halte ich fest. Bis dahin bleibe ich einfach genau so, wie ich bin.

NEU – GLÜCKLICH – FREI

Nachwort
Julia Ganterer

„[...] auf einem Schmetterling reiten, mit Pollen im Gesicht, und durch die Hölle fliegen" (S. 5), so die eindrücklichen Worte der Autorin im Vorwort. Schon beim Lesen der ersten Zeilen von Annes bewegender Lebensgeschichte sprang ich auf den Rücken dieses Schmetterlings auf und flog bedachtsam und schweigend mit. Annes Biografie und die dazu gewählten Zitate beeindruckten mich tief. Erika Pattis hat eine fesselnde Lebensgeschichte aufgezeichnet, die von Demütigung, Kontrolle, Gewalt und Misshandlung erzählt. Am Ende siegen jedoch das Lebensglück, der Mut und das Gefühl von Freiheit: Niemals aufgeben, sondern sich einlassen. Das Glück atmen und voller Zuversicht in das Leben eintauchen.

Der erste Blick von Annes Mutter auf ihre wenige Stunden alte Tochter war von Verachtung und Herabwürdigung getränkt, da ihr Herzenswunsch, einen Jungen zu gebären, wie eine Seifenblase zerplatzt war. Für einen Säugling ist das Gesicht der Mutter (zumeist) das erste Bild. Die Mutter ist Echo und Spiegelbild in einem. Ihr An-Blick brennt sich in das Innerste einer Kinderseele ein und prägt das persönliche Selbstbild. Seit Anne denken kann, musste sie die bösen Blicke und verletzenden Worte ihrer Mutter ertragen. *„Ja, Anne … und dann kamst du!"* (S. 20), zischte sie ihrer kleinen Tochter zu, mit der klaren Botschaft, dass Anne auf dieser Welt nicht erwünscht sei. Auch als Jugendliche verletzten Augen-Blicke und beschämende Worte der Mutter Annes Lebens-glück: *„Schade, dass du vor dem Abschlussball nicht abgenommen hast. Ein paar Kilo weniger würden dir nicht schaden. Wir hätten dich auf Diät setzen sollen."* (S. 62) Mit diesen zwei Sätzen schaffte es die Mutter, Annes Selbstwertgefühl zu zerstören. Kinder und Jugendliche, die in ihrem individuellen Entwicklungsprozess Formen psy-chischer und emotionaler Gewalt durch enge Fa-milienmitglieder erfahren, benötigen zur positiven Verarbeitung dieser Grenzerfahrungen besonde-re Unterstützung durch ihr soziales Umfeld. Ver-trauensvolle Bindungserfahrungen sind für den weiteren Sozialisationsprozess von großer Bedeu-tung. Durch Annes fehlende Bindungserfahrung zur Mutter, die ihre gesamte Aufmerksamkeit ihrem Sohn Dirk schenkte, entwickelte sich zwischen Mutter und Tochter kein stabiles emotionales Band. Vielmehr bestand ihre Beziehung aus Konflikten, Stress, Wut und Verachtung: *„Zum Teufel mit Mama!"* (S. 76)

Solange Anne mit ihrer Mutter in Kontakt war, musste sie sich zutiefst verletzende und erniedrigende Worte anhören, die sie wie ein düsterer Schatten umhüllten. Selbst an Annes Hochzeitstag nahm ihre Mutter sich kein Blatt vor den Mund: Würde sich Annes Mann Dieter von ihr trennen, wäre es ganz allein Annes Schuld: *„Stell dir mal vor, Anne, welche Schande das für dich wäre! Wie willst du denn dann je wieder einen Mann finden?"* (S. 79) Diese geschlechterstereotypische Äußerung der Mutter spiegelt die individuellen wie auch gesellschaftlich mehrheitlich geteilten Vorstellungen der typischen Merkmale von den zwei Geschlechterkategorien Mann und Frau wider. Immer noch stellen Geschlechterstereotype eine der Hauptursachen für Geschlechtsdiskriminierungen dar. Wie auch bei Anne sichtbar, beeinflussen geschlechtsspezifische Leitbilder, Rollenzuschreibungen und Erwartungen das persönliche Entscheidungsverhalten, die eigenen Verwirklichungschancen und Lebensformen. Als tüchtige Hausfrau, liebevolle Mutter und treue Ehefrau entsprach Anne dem traditionellen Geschlechterbild. Ihr erster Ehemann Dieter war es schließlich gewohnt, „*von Anne bemuttert zu werden. Er stand gerne im Mittelpunkt, ließ sich gerne bekochen und verwöhnen*" (S. 105 f.) Stereotypisierungen basieren auf Vorstellungen und Mustern, die im täglichen Umgang nicht mehr hinterfragt werden und damit als Instrument zur Herstellung bestimmter sozialer Werte und Normen dienen. Sie sind damit ein Medium permanenter hierarchischer Ungleichheiten, auf die alltäglich bewusst oder unbewusst zurückgegriffen wird; folglich findet eine Reproduktion statt. Geschlechtsspezifische Ungleichheiten, hierarchische Gewaltstrukturen, hegemoniale Ordnungen oder sexistische Verhaltensweisen beruhen auf sozialen Normen, Klischees und Stereotypen.

Während mich die beschriebenen Ereignisse mitrissen, konnte ich doch in den einzelnen Kapiteln immer wieder Zeilen der Hoffnung und Zuversicht finden. Die Präsenz von Annes Vater ließ mich weiteratmen. Sie tat mir gut, gab mir den Mut, mich Annes Lebensgeschichte weiter zuzuwenden. So wie mir als Leser*in war es auch Anne durch ihren liebevollen Papa immer wieder möglich, offen und aufrecht in die Welt zu blicken. Anne fühlte sich bei ihrem Vater immer geborgen und beschützt. Dieses Gefühl von Geborgenheit und Anerkennung war der Grundstein, damit Anne eine gewisse Resilienz entwickeln konnte.

Eine positive und aktive Bewältigung ihrer schwierigen Lebenslagen, die von der emotionalen und körperlichen Gewalt ihrer Mutter sowie in ihren späteren Partnerschaften durch ökonomische, psychische und sexualisierte Gewalt geprägt waren, meisterte Anne durch äußere Unterstützungsangebote und *innere Schutzfaktoren*.

Die Erarbeitung von Resilienz, die hier als soziale Kompetenz eines Menschen verstanden wird, gilt als ein lebenslanger Prozess, in dem das Sammeln von positiven Ressourcen zentral ist. Annes Biografie erzählt immer wieder von glücklichen Momenten, wundervollen Bekanntschaften und liebevollen Beziehungen. Dadurch gelang es Anne stets, einen gewissen Optimismus und eine offene Haltung in aussichtslosen Situationen zu entwickeln oder aber Probleme zu akzeptieren und dennoch lösungsorientiert zu handeln. Durch ihre erste Liebesbeziehung mit Jens, ihre leidenschaftliche Erfahrung mit Bernd oder später durch die Liebe ihrer vier Kinder und die Bekanntschaft und Freundschaft mit Anna wurde Anne immer wieder dazu ermutigt, sich als handlungsfähige und selbstwirksame Frau zu begreifen. Sich selbst zu finden, bei sich zu sein und aus sich heraus zu leben. In Erfüllung mit sich selbst und in einer Liebes-Beziehung mit der Welt zu sein.

Jede Person erlebt, erleidet und erfährt Gewalt auf eine eigene Art und Weise, sie ist immer subjektiv zu bewerten. Gewalt ist nichts Natürliches, sondern eine soziale Konstruktion, die kaum allgemeingültig und scharf zu definieren ist. Gewalt korrespondiert mit Macht, Herrschaft und Ungleichheit – auch dort geht es um die Überschreitung von Grenzen und Kontrolle. Gewalt in der Familie und Partnerschaft wird zumeist mit der Dominanz des Mannes bzw. des Vaters und der Verletzlichkeit der Kinder und Frauen assoziiert. Diese Annahme hebt den Geschlechteraspekt respektive die Dimension von Gewalt in Geschlechter- und Generationenverhältnissen hervor.

Die erlebte häusliche Gewalt hat auch die Identitätsentwicklung sowie das Bindungsverhältnis zwischen Anne und ihren Kindern geprägt. Alle vier Kinder haben auf ihre persönliche Art und Weise, in unterschiedlicher Härte, Intensität und Ausprägung, Gewalt innerhalb der Familie erfahren, sei es durch Annes Mutter oder Annes Ex-Ehemänner Dieter und Stefan. Gewalterfahrungen hinterlassen immer Spuren und haben insbesondere bei Kindern und Jugendlichen Auswirkungen auf ihre gesamte Identitätsentwicklung. Angst, Depressionen, Wahnvorstellungen, mangelnde Leistungsfähigkeit in Schule und Beruf, erhöhte Tendenzen zu Süchten (Drogen, Alkohol, Computerspiele usw.) und Gewaltbereitschaft können mögliche Folgen davon sein. Die Reaktionen von Kindern, die Gewalt in der Familie erfahren haben, sind immer individuell zu betrachten. Ebenso kann nicht verallgemeinert werden, dass diese Kinder und Jugendlichen im späteren Erwachsenenalter selbst zu Täter*innen werden oder in einer Opferrolle verharren. Festzuhalten gilt, dass das kindliche Miterleben von Gewalt, egal ob direkt oder indirekt, immer traumatisierend sein kann und sich in verschiedenster Weise und zu unterschiedlichsten Zeitpunkten im Leben bemerkbar macht.

Findet keine Aufarbeitung statt, so dreht sich auch die Gewaltspirale von Generation zu Generation weiter. Viele Erlebnisse bleiben unbewusst und die damit verbundenen Beschwerden und Symptome oftmals unbehandelt. Dies ist ein idealer Nährboden für transgenerationale Traumata und Gewalterfahrungen. Sie bleiben am Körper haften, werden einverleibt und können genetisch bedingt vererbt werden. Ohne Aufarbeitung bleibt die Person mit ihrem Trauma allein, was zu einer

Verstärkung führen kann. Das beeinträchtigt nicht nur das innere Selbst und die Beziehungsfähigkeit zu anderen, sondern kann sich auch auf die Erziehung ihrer Kinder auswirken. Eine traumatisierte, verunsicherte Mutter kann ihre Ängste und Selbstzweifel auf ihre Kinder übertragen. (Traumatische) Gewalterfahrungen beeinflussen und prägen damit die gesamte Gesellschaft auf allen Ebenen (politisch, sozial, ökonomisch etc.) und über Generationen hinweg.

Gesellschaftspolitisch betrachtet kommt den von Anne und ihren Kindern erfahrenen multifaktoriellen Problembelastungen (niedriger sozioökonomischer Status, prekäre Wohnsituation, fehlende Unterstützungspersonen, Gewalt- und Missbrauchserfahrungen) eine große Bedeutung zu. Durch die Gewalterfahrungen in unterschiedlichen Ausprägungsformen werden mitunter Armut und Alkoholmissbrauch bedingt. Betroffene benötigen in ihrem gesamten Lebensumfeld besondere Unterstützungsangebote zur Entwicklung von Resilienz und positive Schutzfaktoren, die über die Familie hinausgehen. Die bestehenden Angebote zur Beratung und Unterstützung für Familienangehörige müssen folglich sichtbarer werden, indem der Zugang niederschwelliger und die Barrieren und Tabus, sich Hilfe zu holen, abgebaut werden.

In Südtirol existiert weiterhin eine große Forschungslücke hinsichtlich der Gewaltprozesse bei Betroffenen häuslicher Gewalt, sei es in der Kindheit, Jugend oder im Erwachsenenalter. Südtirol bzw. Italien ist, was die Forschung zu Gewalt in Partnerschaftsbeziehungen (aber auch zu sexualisierter Gewalt oder Gewalt bei Menschen mit Behinderungen etc.) betrifft, gegenwärtig eher als Entwicklungsland zu sehen. Viele Bereiche, in denen Interventionen oder Prävention durchgeführt werden, basieren entweder auf subjektiven Theorien oder auf empirischen Befunden, die für Südtirol erst noch geprüft und adaptiert werden müssten.

Seit dem Frühjahr 2023 werden jedoch erstmals zwei parallel laufende Studien gegen sexualisierte Gewalt vom Land Südtirol gefördert: die am Center Interdisziplinärer Geschlechterforschung Innsbruck angesiedelte „Studie zu sexualisierter Gewalt in Südtirol unter Berücksichtigung der drei Sprachgruppen" (Projektteam: Gundula Ludwig, Julia Ganterer, Laura Volgger) und die an der Universität Trient laufende Studie „TRACES – TRAnsgenerational ConsEquences of Sexual violence" zu transgenerationalen Langzeitfolgen von Gewalt gegen Frauen und Mädchen im Vinschgau (Projektleitung: Andrea Fleckinger).

Österreich ist im Bereich der Prävention von Männergewalt an Frauen bereits weiter: Auf politischer Ebene werden gezielt Kampagnen für gewalttätige Männer angeboten (z. B. „Mann spricht's an"), Projekte zur gendersensiblen Buben- und Burschenarbeit finanziert, psychosoziale Beratungsstellen zur Förderung gewaltpräventiver Arbeit mit Männern gefördert oder kostenlose Männerinfo-Telefone (rund um die Uhr) für Erst- und Krisenberatungen österreichweit zur Verfügung gestellt. Mit Blick auf die Bundesrepublik Deutschland, wo alle zwei Minuten eine Person Opfer häuslicher Gewalt wird, ist zu sagen, dass sich Deutschland vor allem an der „Istanbul-Konvention" (Übereinkommen des Europarates zur Verhütung und Bekämpfung von Gewalt gegen Frauen und häuslicher Gewalt) orientiert. Seit 1. Februar 2018 hat sich Deutschland verpflichtet, die 81 Artikel der Istanbul-Konvention nicht nur einzuhalten, sondern auch umzusetzen. Diese sehen neben der umfassenden Verpflichtung zur Prävention und Bekämpfung von Gewalt an Frauen und Mädchen zugleich die Stärkung der Geschlechtergleichstellung und des Rechts auf ein gewaltfreies Leben aller Menschen vor.

In allen Ländern wäre ein Bündnis von Politik, Forschung und Praxis von hoher Relevanz, um in

Zukunft nachhaltige Schritte nach vorn zu gehen. Denn nicht immer finden (insbesondere) Mütter den Mut und die Kraft, trotz ihrer eigenen traumatischen Erfahrungen ihre Kinder auf deren Lebensweg so zu begleiten, dass sie wie Anne stolz darauf sein können, *„wie ihre Kinder auf ihre eigene Art und Weise ihren Platz in der Welt fanden und sich zu starken und außergewöhnlichen Persönlichkeiten entwickelten".* (S. 178)

Dr.*in Julia Ganterer, MA lehrt und forscht seit Jahren auf dem Gebiet der geschlechtsspezifischen Gewalt. Sie studierte Erziehungswissenschaften sowie Gender, Culture and Social Change an der Universität Innsbruck und promovierte 2018 am Institut für Erziehungswissenschaft und Bildungsforschung der Universität Klagenfurt zum Thema „Körpermodifikationen und leibliche Erfahrungen in der Adoleszenz". Von 2019 bis 2023 war Julia Ganterer als wissenschaftliche*r Mitarbeiter*in (Post-Doc) an der Leuphana Universität Lüneburg tätig. Als Dozent*in arbeitet sie seit 2015 an den Universitäten Klagenfurt, Salzburg, Wien, HU Berlin und Lüneburg. Aktuell ist sie als Co-Projektleiter*in an der ersten sprachgruppenübergreifenden Studie zu sexualisierter Gewalt in Südtirol am Center Interdisziplinäre Geschlechterforschung Innsbruck (CGI) tätig und arbeitet beim Verein „bidok" (behinderung inklusion dokumentation) in Innsbruck, wo sie für die Betreuung, Redaktion und Weiterentwicklung der barrierefreien digitalen Bibliothek „bidokbib.at" zuständig ist. In der Edition Raetia ist von Julia Ganterer erschienen: „Ja, das bin ich und das ist meine Geschichte': Frauen und ihre Wege aus der Gewalt" (2023).

Inhalt

Gedruckt mit Unterstützung der Südtiroler Landesregierung,
Abteilung Deutsche Kultur

AUTONOME PROVINZ BOZEN SÜDTIROL | PROVINCIA AUTONOMA DI BOLZANO ALTO ADIGE

Deutsche Kultur

1. Auflage
© Edition Raetia, Bozen 2025

Projektleitung: Felix Obermair
Lektorat: Katharina Preindl
Korrektur: Helene Dorner
Umschlaggestaltung: Philipp Putzer, www.farbfabrik.it
Umschlagfoto: aus dem Archiv der Protagonistin
Satz und Druckvorstufe: Typoplus, Frangart
Druck: Tezzele by Esperia, Bozen/Lavis

Aus Datenschutzgründen wurden sämtliche Namen und Ortsangaben geändert, um die Identität der dahinterstehenden Personen zu schützen. Diese Maßnahme dient dem Respekt der Privatsphäre und soll sicherstellen, dass keine Rückschlüsse auf reale Individuen oder Orte gezogen werden können.

ISBN: 978-88-7283-951-5
ISBN E-Book: 978-88-7283-967-6

Informationen zur allgemeinen Produktsicherheit GPSR und Einsicht in die technische Dokumentation:
Edition Raetia, Zollstangenplatz 4, 39100 Bozen, Italien
info@raetia.com
Eindeutige Identifizierung des Produkts: ISBN 978-88-7283-951-5

Unseren Gesamtkatalog finden Sie unter www.raetia.com.
Bei Fragen und Anregungen wenden Sie sich bitte an info@raetia.com.

Raetia verzichtet der Umwelt zuliebe auf die Schutzfolie aus Plastik.

MIX
Papier | Fördert gute Waldnutzung
FSC® C021437